JN222500

世にも ふしぎな 法律図鑑

弁護士 中村真 著

日本経済新聞出版

ようこそ。

世にもふしぎな
法律の世界へ。

「法律が決して万能ではないこと」 を伝えるために

「〇〇法違反で逮捕」や「××法に基づいて請求」など、あなたが日々テレビやウェブサイトで目にする刺激的な情報には、その後ろに必ず「法律」が見え隠れしています。ときにはSNS上で「この法律や判決はおかしくない？」「なんでこんな行為が許されるの？」という、驚きやとまどいの声が上がることもあります。

ところが、日常のそこかしこで法律に対して感じる不可解さや引っかかりも、忙しい現代人には一つひとつ丹念に調べて納得していくだけの余裕がありません。

かといって、法律はただその場に存在しているだけであり、法律の方からあなたに歩み寄ってきてくれることはありません。結果として「法律がおかしい」「社会がおかしい」といったやり場のないフラストレーションを抱えたままになってしまいます。

「どう考えてもおかしいでしょう？　誰かどうにかしないの？」という不信感の積み重ねで、法律（や法律家）に対して親しみではなく、警戒心を持っている方は多いはずです。

この本は、社会に存在するそうした「ふしぎな法律」について、特に予備知識がない方にも法律のプロが持つ視点を短時間で簡単に知ってもらうこと、「ふしぎな法律」のおかしさや面白さ、正しさ、間違いを解像度高めに理解してもらえることを目指して書きました。

読者の皆さんにとって、この本の内容を次のようなきっかけにしていただければ嬉しく思います。

・話題のニュースの背景をより深く理解すること
・SNS 上でささやかれる言説に対し、一歩立ち止まって考えること
・少し変わった法律の生い立ちを知り、楽しみ、誰かに伝えること
・「おかしいな」と思うルールについて、調べ考える姿勢を持つこと

　一つひとつの疑問を詳しく見ていくと「なんだそうだったのか」と腑に落ちることもあるでしょうし、「やっぱりおかしいじゃないか」と憤りを新たにすることもあるでしょう。法律は決して万能ではなく、やはり堅苦しいものだと再確認するかもしれません。それでよいのです。法律とは本来、それを適用される人によって批判的に検討され続けるべきなのです。また**法律家の全てが法律やそれによって生み出される状況の全てを歓迎しているわけでもありません**。そうした「ふしぎな法律」を取り巻く実相を正しく知っていただくことは、あなたにとっても私にとってもとても大切なことです。

　この本で扱う「ふしぎな法律」には、民法や刑法、会社法など明文化された法律にとどまらず、過去の裁判所の判断により作られた考え方や、それらを取り巻く面白おかしい（あるいは不可解な）状況も含まれています。
　法律の解釈や判例の判断などは正確さを損なわないように配慮していますが、面白みを感じない小難しい部分については思い切って除いています（この世の全てにおいて、面白いということには価値があります）。
　また、図鑑にはできるだけ内容に沿ったわかりやすい絵が必要です。この本に掲載している絵は全て、弁護士である筆者が、わかりやすさを最優先して描いたものです（もちろん、いずれも実在の人物・団体とは一切関係ありません）。

　この本を手に取った方に、一人でも多く「ふしぎな法律」に親しみを感じていただければ筆者としてこれほど嬉しいことはありません。

ふしぎなのは、法律か。

「そもそも『法の抜け穴』などというものが
あるのがおかしいと思っていた」
「法律は、完全無欠で完璧。隙がないものであるべきだ」
「ビジネスやお金にまつわる規制は、どうも難解でややこしい」
「古い基準がいつまでもそのままになっているのはなぜか」
「法律を勉強しても、面白みがなくて退屈だ」

日ごろ、法律や法律家に対するモヤモヤを抱える方は多いはず。
なぜ、「ふしぎな法律」が存在するのでしょうか。
私たちの暮らしや歴史、実情がふしぎだから、
法律もふしぎにならざるを得ないのでしょうか。

それとも私たちか。

それとも、法律の出発点になにか間違いがあり、
結果として生まれた法律がおかしな形になってしまっているのでしょうか。
どちらもあり得ることだと思います。

法律は、本来、時代や価値観の変化に沿って「本当にこれでいいのか？」
という皆さんの疑問にさらされ続けなければなりません。
人も社会も常に変化し続けているのに、
法律は制定された時代を切り取ったものでしかなく、
その生まれた瞬間から古くなっていくからです。
ぜひ、気になった法律について、調べて、誰かとの話題にしてみてください。
「知る」ことで、見える景色が少しだけ変わるかもしれません。

ニュースの背景を、
もっと鮮明に
イメージしよう。

いつの間にか電動キックボードに市民権。
どのように法律が作られたの?

話題のニュースの詳細、どれくらい理解していますか？ ビジネスを支える法律や新聞・テレビで耳にする法律用語の意味を知れば、もっともっと世界の解像度が上がります。

SNS上の噂に対して、一歩立ち止まって考えてみよう。

AEDを使って失敗したら、簡単に訴えられるのでしょ？

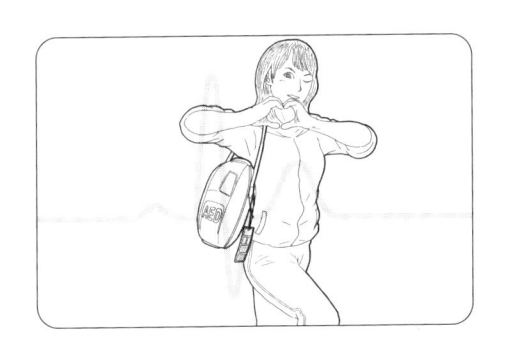

SNS上で飛び交う法律談義、そのまま鵜呑みにしていませんか。中には、法律のプロからみれば首をかしげたくなる議論も存在します。一度立ち止まって、専門家の意見を確認することも大切です。

少し変わった
法律の生い立ちを
知り、楽しみ、
誰かに伝えてみよう。

法事でのお坊さんの説教。
邪魔すると罰金10万円!?

一見面白おかしい法律でも、長年の慣習や社会からは見えにくい事情によって形作られていることがあります。「変わり者」の事情を知ることで、歴史の変遷を面白く学びとることができるかもしれません。

でも、何より大切なことは……？

不可解なルール、複雑なルール、
納得できないルール……。
これらにあなた自身が興味を持ち、
知りたいという気持ちを持つことなのです。

さあ、いよいよ、ふしぎな法律たちを
ご紹介いたしましょう！

Contents

Chapter 01

暮らしにひそむふしぎな法律

Chapter 02

町中で出会うふしぎな法律

Chapter 03

家族と冠婚葬祭にまつわる
ふしぎな法律

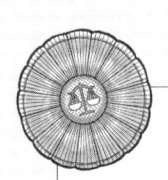

Chapter 04

おカネと税のふしぎな法律

‖ **Chapter 05** ‖

ビジネスと社会の
ふしぎな法律

「世にもふしぎな法律の世界」の歩き方

この本は、どこから読み始めていただいてもかまいません。目次を眺めてみて、気になった項目から「世にもふしぎな法律の世界」の扉を開いてみてください。ぜひ、肩の力を抜いて読み進めていただければと思います。

ふしぎな法律について、独自の視点から☆〜☆☆☆☆☆で評価しています。

不可解度
☆☆☆

02

公平度
☆☆

ザリガニやヒキガエルを逃がしたら罰金300万円!?

筆者描きおろしのゆるい（?）イラストを箸休めにどうぞ。登場する人物や設定は架空のものです。

そんなもの捨てちゃいなさい！

せやて、奥さん。

簡単に捨てたらダメなんだよ！

一度拾ったら簡単に捨てたら

【特定外来生物による生態系等に係る被害の防止に関する法律】
（外来生物法）

（放出等の禁止）
第9条　飼養等、輸入又は譲渡し等に係る特定外来生物は、当該特定外来生物に係る特定飼養等施設の外で放出、植栽又はは種（以下「放出等」という。）をしてはならない。ただし、次に掲げる場合は、この限りでない。
1号　次条第一項の許可を受けてその許可に係る放出等をする場合
2号　次条の規定による防除に係る放出等をする場合

メインテーマとなる法律の条文・裁判例を紹介しています。筆者の判断で条文の略記や裁判例の要約をしている場合もあります。読み飛ばしていただいてもOKですが、条文や裁判例の内容にも触れると理解が深まるのでおすすめです。法律の条文は、電子政府の総合窓口「e-Gov法令検索」（https://laws.e-gov.go.jp/）にて確認することができます。裁判例は、裁判所のウェブサイト（https://www.courts.go.jp/app/hanrei_jp/search1）や各種データベースで確認できるものもあります。

※ 全ての裁判例の掲載を保証するものではありません。裁判例の表記については、「裁判例の見方」もご覧ください

‖ **各法律について** ‖

2024年12月1日現在の内容に基づいています。ただし、法律の改正前後の内容を紹介している場合などは、各項目で個別に説明をしています。

‖ **裁判例の見方** ‖

- 裁判例は、略記の形で出典を掲載しています。①とこの裁判所でとのような形で出された判断か、②いつ、③との資料に掲載されているか、ということを記載しています。

例：（最三小判令和5年6月27日・民集77巻5号1059頁）

→①最高裁判所第三小法廷において ②令和5年6月27日になされた判決で ③最高裁判所民事判例集77巻5号1059頁に掲載されている という意味になります。

- 裁判の種類には「判決」、「決定」、「命令」があり、「判」、「決」、「命」とします。
- 最高裁の大法廷については「最大」、小法廷については最○小判とします。

略記の一覧については、次のとおりです。

最／最高裁判所	**高**／高等裁判所	**地**／地方裁判所	**簡裁**／簡易裁判所
家裁／家庭裁判所	**大**／大審院	**東高刑事報**／東京高等裁判所刑時判決時報	
下刑／下級裁判所刑事裁判例集		**民集**／最高裁判所民事判例集	
高刑／高等裁判所刑事判例集		**刑集**／最高裁判所刑事判例集	
判特／高等裁判所刑事判決特報		**判時**／判例時報	**判タ**／判例タイムズ
民録／大審院民事判決録			

やはり「飲んだら乗るな、乗るなら飲むな」

結局、四輪・二輪・自転車、牛馬（そしてラクダ）を問わず、酒で判断力・身体機能の低下した状態では適切に制御ができなくなる乗り物に乗ることは、酒気帯び運転、酒酔い運転の対象になると考えておいた方がよさそうです。牛馬がたとえ羊でもロバでも変わりません。唯一、虎だけは、「大トラが虎に乗る」面白さを感じるのですが、虎はそもそも酒気を帯びていようがいまいが人の移動手段には適していません。

ともあれ、牛や馬、ラクダの運転代行業というのはまだなさそうですので、動物に乗っていくよりはタクシーか運転代行サービスの方がよいと考えます。

> 身近なエピソードを盛り込みながら、ふしぎな法律を取り巻く背景についてやさしく解説。

こ・っ・ち・も・参・考・に・な・る・！

「酒気帯び運転で退職金1,700万円がパーに」

酒気帯び運転とそれによる物損事故を理由とする懲戒免職処分を受けて公立学校教員を退職した者について、退職手当等の全部を支給しないとした県教育委員会の判断につき、社会観念上著しく妥当を欠いて裁量権の範囲を逸脱し、又はこれを濫用したものとはいえないとして是認されたケースがありました。人身損害が生じなかったのはたまたまであり、行為の悪質性・危険性も勘案すると個人的には相当な処分と感じますが、宇賀克也裁判官が「警察官の酒気帯び運転でも停職3か月にとどめられている」として、反対意見を述べているのは興味深いところです。

（最三小判令和5年6月27日・民集77巻5号1049頁）

> 併せて触れておきたい参考条文や裁判例がある場合はこちらで紹介しています。

> ラクダは側対歩（そくたいほ）のため乗ると左右に大きく揺れ「ラクダ酔い」する。酒酔いと合わさるとより危険で、側対歩で即逮捕である。

> 弁護士目線での心の中の「つぶやき」。役に立つ知識はなかったり、あったり？

Chapter

衣食住のそこかしこに。
あなたの毎日に隣り合わせの
ふしぎな法律から探してみましょう。

暮らしにひそむ ふしぎな法律

Contents

01

ラクダ、そり、ベビーカー。この中で飲酒運転になるのは?

【道路交通法】
（道交法）

（酒気帯び運転等の禁止）
第65条1項　何人も、酒気を帯びて車両等を運転してはならない。

飲酒運転の罪深さ

「飲んだら乗るな、乗るなら飲むな」は、紳士淑女ならずとも必ず守らなければならない、人の理^{ことわり}ともいうべき鉄則、掟です。

道路交通法65条1項も「酒気を帯びて**車両等**を運転してはならない」と定め、違反者には酒酔い運転で5年以下の懲役又は100万円以下の罰金、酒気帯び運転でも3年以下の懲役又は50万円以下の罰金という重い罰を定めています（ただし自転車以外の軽車両は除きます）。

酒気帯びの場合、従来は、初犯は略式起訴で罰金刑になることが多かったのですが、近年の飲酒運転厳罰化の流れにより、今は初犯でも公判請求（公開法廷で審理する裁判の請求）され、中には執行猶予付きの懲役刑を言い渡されるケースも見られます。

これがより悪質な酒酔い運転となると罰金刑が適用されることはほぼなく、公判請求が基本になります。酒を飲んで車両を運転するという軽率さやそれによって生じる危険の大きさ・結果の重大さに照らせば、刑罰法規が飲酒運転について厳しい態度で臨んでいるのは当然です。

どこまでが車両・軽車両にあたるのか？

「飲んだら乗るな、乗るなら飲むな」を確実に守るには、車やバイクで飲みに出掛けないのが一番です。酔いどれの脳は「運転代行は高くてもったいないし、近いからちょっと乗るくらい大丈夫だろう」と安易に考えてしまう危険があるからです。

では、タクシーも運転代行も使わずに、また車やバイク、原付にも乗らずに、自分で安価、安全に飲みに行って帰ってくる移動手段はないものでしょうか。ここは一つ、道路交通法上の複雑な定義規定を読み解いてみましょう。

まず酒気を帯びて運転してはならない「車両**等**」は**「車両又は路面電車」**を言います（道路交通法2条1項17号）。ただ、自分で路面電車を運転して飲み屋に行く人はあまりいないはずです。もう一方の「車両」は「自動車、原動

機付自転車、軽車両及びトロリーバス」です（同法2条1項8号）。この「自動車」はレールや架線なしに原動機で進む車をいい、**四輪車**のほか**50ccを超える二輪車**を含む概念ですが自動車と原付は最初に候補から外れています。

トロリーバスは日本では立山トンネルトロリーバスが現存する唯一のものですが、それも2024年11月30日に運行を終了してしまいました（また立山トンネル内には飲み屋がありません）。ようやく残ったのが「軽車両」です。

これには様々な運搬具が含まれるのですが、中心的なものを挙げると「**自転車、荷車その他人若しくは動物の力により、又は他の車両に牽引され、かつレールによらないで運転する車（そり及び牛馬を含み、小児用の車を除く。）**」とされています。つまり、自転車も馬車も酒を飲んだ状態で運転してはいけないということがわかります。のみならず、そりで滑ったり、牛や馬に直接跨がったりしたとしても「軽車両」に当たってしまいます。乗馬や乗牛（?）も酒気を帯びて行うとたちまち道交法違反です。

ここで「牛馬がダメでも、ラクダなら軽車両に当たらないのではないか」という疑問が出てくるわけですが、ラクダも哺乳類**ウシ**目ラクダ科であることからするとどうにも望みは薄そうです。

ここでの「軽車両」概念は、飲酒運転の対象となる「車両等」（道路交通法65条1項）に包摂される概念ですから、処罰範囲は本来もっと明確でなければならないはずですが、同時に難解な法的評価を伴う概念でもあります。例えば、「乳母車の乳幼児を乗せる車体部分全部を取り除き、車輪・車台・押す把手の部分のみとし、車台の上に板片2枚を載せる改造を施した上で高齢女性が手押ししていた改造手押車」すら軽車両に当たるとした裁判例もあるくらいです（新潟地判新発田支部昭和42年5月31日・判タ220号128頁）。

ただ、これが軽車両に当たるのであれば、酒に酔ってそのような改造手押車を押しているとやはり検挙されるおそれが出てきます。軽車両だけに、ずいぶん軽めの感覚で範囲が拡張されている気がするのは私だけでしょうか。

やはり「飲んだら乗るな、乗るなら飲むな」

　結局、四輪、二輪、自転車、牛馬（そしてラクダ）を問わず、酒で判断力・身体機能の低下した状態では適切に制御ができなくなる乗り物に乗ることは、**酒酔い運転の対象になる**と考えておいた方がよさそうです。牛馬がたとえ羊でもロバでも変わりません。唯一、虎だけは、「大トラが虎に乗る」面白さを感じるのですが、虎はそもそも酒に酔っていようがいまいが人の移動手段には適していません。

　ともあれ、牛や馬、ラクダの運転代行業というのはまだなさそうですので、動物に乗っていくよりはタクシーか運転代行サービスの方がよいと考えます。

こっちも参考になる！

「酒気帯び運転で退職金1,700万円がパーに」

　酒気帯び運転とそれによる物損事故を理由とする懲戒免職処分を受けて公立学校教員を退職した者について、退職手当等の全部を支給しないとした県教育委員会の判断につき、社会観念上著しく妥当を欠いて裁量権の範囲を逸脱し、又はこれを濫用したものとはいえないとして是認されたケースがありました。人身損害が生じなかったのはたまたまであり、行為の悪質性・危険性も勘案すると個人的には相当な処分と感じますが、宇賀克也裁判官が「警察官の酒気帯び運転でも停職3か月にとどめられている」として、反対意見を述べているのは興味深いところです。

　（最三小判令和5年6月27日・民集77巻5号1049頁）

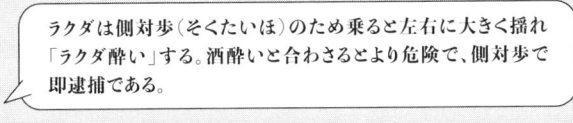

ラクダは側対歩（そくたいほ）のため乗ると左右に大きく揺れ「ラクダ酔い」する。酒酔いと合わさるとより危険で、側対歩で即逮捕である。

ザリガニやヒキガエルを
逃がしたら
罰金300万円!?

【特定外来生物による生態系等に係る被害の防止に関する法律】
（外来生物法）

（放出等の禁止）
第9条　飼養等、輸入又は譲渡し等に係る特定外来生物は、当該特定外来生物に係る特定飼養等施設の外で放出、植栽又はは種（以下「放出等」という。）をしてはならない。ただし、次に掲げる場合は、この限りでない。
1号　次条第一項の許可を受けてその許可に係る放出等をする場合
2号　次章の規定による防除に係る放出等をする場合

おなじみの生き物にも法規制！？

　子どものころ、さきいかを餌にザリガニを釣ったり、田んぼのあぜ道でカエル捕りをした方もいらっしゃるでしょう。ところが、今やおなじみの生き物にかかる法規制がどんどん厳しくなっていることはあまり知られていません。大人になったあなたが子どもと一緒に生き物を捕まえにいくとき、気を付けなければならないことはなんでしょうか。

罰金300万円や懲役刑もありうる！

　「外来生物法」と呼ばれる法律があり、我が国の生態系・生物多様性や人の生命・身体の保護、農林水産業の健全な発展のために、有害・危険な生物を「特定外来生物」に指定し、それらを飼う等の行為を規制しています。一昔前、この法律によってブルーギルやブラックバス（コクチバス、オオクチバス）がやっかいな外来種であるとして問題とされ、バス釣り愛好家を中心に議論の的になっていたのは記憶に新しいところです。

　特定外来生物に指定された生き物については、飼育したり、保管・運搬したり、輸入・授受したり放出（逃がすこと）したりという行為を許可なく行うことが禁止されています。これに違反した個人は3年以下の懲役または300万円以下の罰金に処せられます（場合により両方が科せられます）。

　実際、令和元年には、特定外来生物（毒性のかなり強い蛇）を飼育していたペット販売店の店員について、外来生物法及び動物愛護管理法違反の罪で執行猶予付きの懲役刑が言い渡された事案もありました（大阪地判令和元年6月20日・ウエストロー・ジャパン掲載判例）。

　この法律自体、平成16年に成立した比較的新しいものですが、近年、指定される動物が増えています。

ヒキガエルについての規制、知ってる?

　実は、田園風景にはおなじみのヒキガエルにも「特定外来種」が存在します。令和6年8月の時点で、「両生綱無尾目ヒキガエル科」のうち海外にルーツを持つ9種が指定されています。やっかいなことに、このうちオオヒキガエルだけは小笠原諸島（父島、母島）や大東諸島（北大東島、南大東島）、先島諸島（石垣島、西表島、鳩間島）などに既に定着してしまっています。

　一方、「ヒキガエル」と名のつくものでも、アズマヒキガエルやニホンヒキガエルといった**日本固有種は**特定外来生物ではないので、飼ったり逃がしたりしても**外来生物法の規制にはかかりません**。とはいえ、日本固有種のヒキガエルも国内の生息地はかなり限られるので、捕獲した上で異なる場所に逃がすことでその地域の在来種との間で交雑が進み、生物多様性が損なわれてしまうなどのドメスティックな問題も実は深刻化しています。北海道など、特定外来生物でない日本固有種の運搬や自然環境中への放出を条例で禁止している自治体もあります。

　結局、特定外来生物でないヒキガエルであっても、いったん飼うつもりで手元に置いた以上は、（そのガマ自身が望むと望まざるとにかかわらず）その命が尽きるまで面倒を見てあげるべきであるといえるでしょう。

日本国民になじみ深い「赤い水棲」も対象に!

　意外にも、我が国でなじみの深いザリガニ類の多くも特定外来生物に指定されています。ザリガニが槍玉に挙げられるのは、彼らが水草の切断や他の水棲生物の捕食などで劇的な生態系の変化を引き起こすこと、在来種（ニホンザリガニ）に危険を及ぼす病気の保菌者となるリスクが高いことなどが理由です。

　ウチダザリガニ、ヤビーなど一部の種は前から特定外来生物に指定されていましたが、令和2年11月からはその範囲が一気に広がり、アメリカザリガニを除く外来ザリガニ類の全てが指定を受けることとなりました。もっとも、指定

の前から既に飼っている個体を駆除しなければならないわけではなく、指定から6か月以内に環境省の地方事務所等に申請して許可を受けることで飼養を続けることは可能とされていました。新たな飼育や輸入、譲渡、繁殖、野外への放出ができなくなったというわけです。

そのような規制の強風が吹き荒れる中、我々日本人に特になじみが深い**アメリカザリガニ**だけは猶予期間が設けられていたのですが、ついに令和5年6月1日からはアカミミガメとともに特定外来生物とされました。

もっとも、国民人気の高いこの二種はやはり別格で、**すでに多くの家庭で広く飼育されている実情も考慮し、一般家庭での飼育（飼養）や無償での譲渡は適用除外**（処罰の対象外）とされる**「条件付特定外来生物」**という地位を与えられました。

「飼ってはいけない」「逃がしてもいけない」の板挟み？

特定外来生物は、無許可飼育が禁止される一方、自分の占有下に入ったものを自然環境中などへ逃がすことも禁止されています。万が一、誘惑に負けて持ち帰ってしまったあとに「こいつは例のオオヒキガエルではないか」などと気づいたときには、お住まいの自治体のしかるべき部署に相談することをおすすめします。

特定外来生物根絶のために捕獲の協力を呼びかけている自治体も多いようです（その場合、発見・捕獲した場所の報告も求められることでしょう）。自治体に引き渡したオオヒキガエルがその後どのような運命をたどるのかを考えると暗い気持ちになりますが、それはあなたの行動にかかわらず彼が負っていた運命だと考えるしかありません。

かつて食用を狙って外国から移入されたウシガエル、その養殖用の餌として輸入されたアメリカザリガニが今やそろって特定外来生物とされている状況に、ヒトの業の深さを感じずにおれない。

03

部長! あなたの水割りは 作れません!?

村田君
すまんけど
私にも
水割り一杯
作ってくれんかね。

あー
無理ですね。

すいません
ご自分でどうぞ。

【酒税法】

（酒類の製造免許）
第7条1項　酒類を製造しようとする者は、政令で定める手続により、製造しようとする酒類の品目（中略）別に、製造場ごとに、その製造場の所在地の所轄税務署長の免許（以下「製造免許」という。）を受けなければならない。（以下略）
【自分で飲むために製造した場合にも無免許酒類製造罪は成立するとされた酒税法の定めが合憲だとされた事例】（最一小判平成元年12月14日・刑集43巻13号841頁）

お酒好きのDIYに立ちはだかる酒税法

　人は、他人から与えられるものよりも自分自身の手で作り出したものに、より大きな価値と喜びを感じがちです。それが高価なものであればなおさらです。酒を浴びるほど嗜む人が「買うと高いから」と自分で酒を造ることを夢想するのは、たとえそれがアルコールの影響下の判断であったとしても誰も責めることはできません。

　ところが酒税法は無免許での酒類製造を禁じており、これに違反すると10年以下の懲役又は100万円以下の罰金に処せられます（同法54条1項）。もちろん、医薬品や食べ物のように酒も体内に取り込まれるものですから、不衛生・劣悪な環境で造られた粗悪品が世の中に出回って広範な健康被害が生じるようでは困る、というのはよくわかります。

　にもかかわらず、酒税法は、自己消費目的であっても免許を受けずに酒を造る行為を処罰の対象としています。自己責任なのだからほっといてほしいという、実に酒呑みらしさの溢れる純粋で頽廃的な思いが許されないのはなぜでしょうか。

当局「べ、別にあなたの身体を心配してるわけじゃないんだからね!」

　自分でこっそり造ってまで酒を飲みたいと考える諸兄・諸姉にとって、国が自己使用のための酒造にまで免許制で弾圧してくるのはお節介以外の何物でもないと感じるかもしれません。

　しかし、課税当局が気遣っているのはあなたの健康ではなく、税収の方です。つまり自己使用目的の無免許酒造が罰せられるのは、酒呑みが自作するに任せていると、酒税収入の減少など酒税の徴収確保に支障を生じる事態が予想されるからだというのです。思わぬ酒類課税の実利的な視点に酒呑童子も狼狽してしまいそうですが、そんなわけで、私たちは自作の酒を楽しむ自由は与えられていないのです。

ただ、国はお酒好きの飲酒欲を貴重な税源として非常に重要視しているということでもあります。酒呑みの皆さんは、我が国の税収を醸造樽の下から支えているのだというくらいの自覚を持って、日々、適度な飲酒に励んでもらいたいと考える次第です。

上司のために「混ぜる」「割る」も酒類製造

　酒税法に関しては、もう一つ、酩酊状態でなければとても見過ごせない規定があり、それが「みなし製造」を定めた43条です。

　これは、酒に他のアルコールを混ぜたり、水や湯で割ったりしたときでも形式的には「新たに酒類を製造した」ものとみなされ、無免許での酒類製造とされてしまう余地を生じるという規定です。なるほど、自分や家族で飲むために混ぜたり割ったりする場合は適用されないと法律で定められてはいます（11項参照）。

　では**友人や上司に水割りやお湯割りを作ってあげる行為**はどうなのかというと、やはり**形式的には酒類の製造**に当たり、免許なく行うと違法となる余地が出てきてしまいます。

　こうした一見細かすぎるように見える網の目が張り巡らされているのも、酒税の適正な課税・徴収を実現するためであって、実際にはごく小さな規模で行われ悪質性も低い行為が検挙・処罰の対象とされるわけではありません。ただし、どぎついアルハラを繰り出してくる困った上司に水割りの提供を拒む理由くらいにはなるかもしれません。

今や半減、どうなる酒税

　このように、酒税法には酒税の税収の確保・適正な徴収のために様々な規定が置かれています。

　ところが、明治期には地租と並んで租税収入の大きな部分を占めていた酒税も、時代の流れとともにその割合が落ち込みを見せ、特に近年は急激な減

少の一途をたどっているという指摘があります。

　日本が活力に満ちていた1980年代後期に2兆円を超えていた税収は、現在は1.2兆円弱と半減に迫る勢いです。これは昔に比べて飲み会文化が廃れてきたというだけでは説明がつきにくく、酒類に対する課税行政の流れと若者のビール・酒離れとは全く無関係とはいえないのではないかと、つい二日酔いの頭で考えてしまいます。

　もともと、我が国ではそのアルコール度数に比してビールの税率が割高であることが指摘されており、発泡酒やいわゆる「第三のビール」など酒造メーカーが消費者に安価に提供しようと苦心して生み出してきた酒類についても税率が引き上げられるという流れが繰り返されてきました。短いスパンで酒類ごとの課税の公正を図る税率の改定などは行われてきましたが、かつての酒類消費の勢いを取り戻すほどの動きではなさそうです。

　社会での取引や消費行動、価値観が多様化するにつれて、課税行政における文化・習慣としての飲酒や酒税の重要性自体が相対的に下がってきていることは確かであろうと思います。

　もっとも、理屈抜きに強固な需要と担税力を生み出す「酒」のチカラは税務行政にとっても本来、もっと魅力的なはずであって、こうした酒類課税のあり方も根本的に考え直してみるべきときに来ているのではないかと感じる次第です。

酒税が廃れて最も困るのは酒を飲まない人たちである。

04

誕生日を暗証番号に
してはいけない
本当の理由

私は誕生日など
他人に推測されすい
暗証番号はやめました。

覚えられないので
カードの裏に
しっかりメモしています。

4139

※絶対にマネしないでください。

【偽造カード等及び盗難カード等を用いて行われる不正な機械式預貯金
払戻し等からの預貯金者の保護等に関する法律】（預貯金者保護法）

（目的）
第1条　この法律は、偽造カード等又は盗難カード等を用いて行われる不正な機械式預貯
金払戻し等による被害が多数発生していることにかんがみ、（中略）これらのカード等を用い
て行われる不正な機械式預貯金払戻し等からの預貯金者の保護を図り、あわせて預貯金
に対する信頼を確保し、もって国民経済の健全な発展及び国民生活の安定に資することを
目的とする。

預貯金者が知らずに踏み越えているセーフライン

「暗証番号には生年月日など推測されやすい番号を避けましょう」というのは、金融機関の営業店やウェブサイトなどで頻繁に目にする警句です。実は、このアナウンスには我々が普段感じる以上に重要な示唆が含まれています。

通称「預貯金者保護法」というややマイナーな法律があり、近年多くなった偽造・盗難キャッシュカード等を使って行われる機械式預貯金払戻しや預貯金担保による借入の被害から、我々善良な預貯金者を守ってくれています。ただし、偽造・盗難の被害者とはいえ、**不注意が過ぎる預貯金者まで無条件に保護してくれるほど甘くはありません**。偽造・盗難カードで生じた不正な払戻しや借入について、預貯金者に過失がない場合は原則全額補償とする**一方、故意や重過失がある場合には原則補償対象外**としています。

「重過失」とは例えば、**暗証番号をカードに書いたり、安易に他人にカードを渡したり暗証番号を教えたり**という、誰もが「それはアカン」と思うケースです。

預貯金者に軽過失がある場合は、偽造カードと盗難カードのいずれの被害かで取扱いが異なります。偽造カードは通常、預貯金者の落ち度は小さく、偽装のハードルも上がるので原則全額補償です。

一方、盗難カードの場合は預貯金者の落ち度は小さいとはいえず、金融機関側も不正に気づきにくいので軽過失のある預貯金者が受けられる補償は被害額の75%に限られてしまいます。この軽過失の例として、**暗証番号が生年月日**など他人から推測されやすい番号にされ、しかもそれらの番号を類推させる書類等と一緒に携帯していて盗まれた場合などが挙げられます。

安易な暗証番号の決め方が、被害発生のリスクを左右するだけでなく、被害に遭った際の具体的な補償金額にまで大きく影響することになるのです。

なお、盗難カードの被害について（無過失、軽過失の）預貯金者が補償を受けるには、カードの盗難認知後**速**やかに被害届出や金融機関への通知・説明等をしたこと等の要件が定められています。注意しましょう。

預貯金者保護法は法人の預貯金者や、窓口での手続、ネットバンキングによる被害は補償の対象外である。

解読できる?
法律用語って
もはや異言語

じゃあ訊くけど
ワインの定義って
ちゃんと考えて話してる?
そこを確定しないと
そもそも議論に
ならないよね?

だからあなたとは
話にならんのよ。

ほんと
そういう
とこやぞ。

【該当条文・裁判例なし】

みんなが思う「確信犯」

　法律を学んでいると、同じ言葉でも、法律家と世間一般とで**異なる意味合いで理解されている言葉**が数多く存在することに気が付きます。

　具体例を挙げてみましょう。皆さんは「確信犯」という言葉をふだん使うことはありますか。「確信犯」という語は、社会一般では**「悪いことだと分かっているけれど、あえて責められるべき行為を行うこと」**という意味で用いられることが多いようです。

　例えば、信号無視をする、受信料を払わずに公共放送を視聴する、次の人が処分しないといけなくなることを認識しながらわざと5ミリだけ残して牛乳パックを冷蔵庫に戻す、などでしょうか。

　およそ「罪の意識のある行為」全てを指すのではなく、人がやましい気持ちを抱えながら、同時に**「まあこれくらいいいだろう」**と開き直る心持ちとともに何かしらのラインを摺り足で踏み越える行為について、「確信犯」という表現が好んで使われるようです。普通、刑罰法規に触れるような違法性の強い行為にはあまり用いられません。

法律家が使う「確信犯」

　一方、本来の意味での「確信犯」は「政治的・思想的・宗教的信念に基づいて**自己の行為を正当と確信して行われる**犯罪」をいいます（有斐閣『法律学小辞典（第5版）』112頁）。つまり本当の「確信犯」は「（形式的には法に触れるとの認識はあるものの）自分では正しいと信じて行う犯罪行為」のことをいいます。「正しいと確信」していることから確信犯と呼ばれるわけです。ここで想定されているのは政治犯・思想犯などで、本心から「正しい」と信じて刑罰法規に触れる行為に及んでいる者の行為が典型例です。**行為する者自身がその行為を「悪いこと」だと捉えていない**ため、行為を思いとどまるのを期待しにくく、あえて法のハードルを乗り越えて犯罪に及んだ者と同じように強く非難できるのかと古来議論されてきました。

行為者本人に正しい行為だという認識があるかないかという点で、「確信犯」の社会的な用法と本来の意味は全く正反対なのです。

確信犯的確信犯講義

こうした「確信犯」を巡る意味の違いは、古くから多くの法律家が異口同音に警鐘を鳴らしてきたところですが、よほど感銘力に欠けるのか、社会での用法が改められることはありません。

コンシューマー版の「確信犯」が社会のそこかしこで時折その使い勝手の良さを発揮する一方、業務用の「確信犯」の方は法律の世界でもそうそう使うことがないという事情も影響しているのかもしれません。

ほかにもある！　変な意味の法律用語

法律家と世間一般とで、使い方や受け止め方が異なる言葉はほかにもいくつかあります。思いつくままに挙げてみます。

❶「善意／悪意」

民法その他の法律では、「善意／悪意」という言葉が使われます。これは人や物事に対する親切心・好意的な感情、悪感情といった一般の意味とは大きく異なり、**「ある事情を知っているか／知らないか」という意味**で用いられ、そこに道徳的な意味はありません。

例えば「善意の第三者」は、AさんとBさんの契約について詐欺や示し合わせての嘘などがあるときに、そのような事実を知らない第三者Cさんを指す言葉として用いられます。「悪意の第三者」も、その人自身に他人に対する害意や悪感情があることを意味していません。もっとも、離婚や離縁の原因になる「悪意の遺棄」（民法770条1項2号、814条1項1号）では「悪意」は他人を害する意思という意味で用いられているので、民法の中でも使われ方が一貫しない語だといえます。

❷「偽証」

有名人や重要な地位にある公人が事実に反することを述べた場合に偽証であると指摘・批判されることがあります。一方、偽証罪が成立する「偽証」は、例えば民事・刑事の裁判手続や公務員の懲戒手続、地方自治法上のいわゆる百条委員会の調査などで、**法律によって宣誓した証人が虚偽の陳述をした場合のみ**を指します。民事裁判の当事者（原告・被告）や刑事裁判の被告人が法廷で虚偽を述べたとしても、「証人」ではないのでそもそも偽証罪にいう偽証には当たりません。

❸「脅迫」と「強迫」

他人に恐怖心を生じさせる害悪を告知することを**「脅迫」**と呼び、刑法には脅迫罪という罪も定められています。

一方、民法上、他人に害悪を示して恐怖心を抱かせ、自由な意思決定をさせない違法な行為については、**「強迫」**という文字が用いられます。どちらも音は「きょうはく」ですが、その用語を見ただけで、刑事・民事いずれの行為を問題にしているのかがわかりやすくなっています。

❹「契印」と「割印」

数ページにまたがる契約書などを作成する際、ページのすり替えを防ぐために、各ページの間に重ねて押印をすることを「割印^{わりいん}」と呼ぶことがありますが、これは正しくは「契印^{けいいん}」です。

では「割印」は何かというと、**分離した複数の書類相互の関連を証する**ために押す印を指し、例えば契約書を2通作成するときに、少しずらして両方にまたがるように押印する場合がこれに当たります。

❺「自己責任の原則」

一般的には「自分のした行為の結果は自分で負わなければならない」という因果応報的なイメージで用いられる言葉です。一方、法律の世界で「自己

責任の原則」というとき、それは「各人は、自分の行為についてだけ責任を負い、**他人の行為については責任を負わない**」という近代法の原則を指し、特に後半部分にウエイトが置かれるのが普通です。

❻「心証」（自由心証主義）

「そんなふてぶてしい態度だと裁判官の心証を悪くするよ」といった使われ方をされることがありますが、本来の「心証」とは裁判で認定すべき事実に関する裁判官の内心的判断をいい、**証拠の評価や事実の存否に関して裁判官がどう判断したかということ**を指しています。

つまり、単に証人や裁判の当事者に対する好印象・悪印象を指す言葉ではないのですが、とはいえそういった「証人や当事者本人の言動から受ける印象」が事件に対する裁判官の見方に影響することも否定できないので、誤用とは言い切れません。

❼「果実」

社会では文字どおり「くだもの」の意味で用いられていますが、法律の世界では物の経済的用法に従って得られる産出物である「天然果実」と、**物や元本から生み出される使用対価などの金銭・物**である「法定果実」（例えば賃料や利息など）と併せて「果実」と呼んでいます。「天然果実」には、樹木から得られる果物はもちろんのこと、**乳牛から得られる牛乳、石切場から産出される石なども含まれます**から、一般用語としての「果実」よりもかなり広い意味の言葉だということになります。

❽「判例」と「裁判例」

過去の裁判でいずれかの裁判所が示した判断（多くは判決）を指して「判例」と呼ぶことがありますが、法律実務の世界では**「判例」は最高裁判所の判断のうち現在も拘束力を有するもの**だけを指し、それ以外の裁判所（下級審裁判所）の示した判断である「裁判例」と、用語として区別するのが一般的です。

❾「被告」と「被告人」

刑事裁判のニュースでは「○○被告」と呼ばれることが多いですが、裁判実務では、刑事裁判手続で起訴されて訴追の対象となっている者を「被告人」と呼び、民事裁判手続で訴えを提起された者である「被告」とは明確に区別しています。

ニュースなどでの「○○被告」は報道特有の用法ですが、弁護士や検察官、裁判官が刑事手続の被告人を「被告」と呼ぶことはありません。

❿「離縁」と「離婚」

一般用語として、夫婦の婚姻の解消（離婚）のことを「離縁」と表現することがありますが、法律上、**離縁は養子縁組を解消する手続**のみを指します。離婚と離縁は全く別の用語として区別され、夫婦間の離婚を「離縁」と表現することはありません。

⓫「六法」

もともと「六法」は法律実務で特に重要度の高い**憲法、民法、刑法、商法、民事訴訟法、刑事訴訟法**の六大法典を指し、明治時代の日本で生まれた言葉です。

もっとも、現在は上の6つの法律を含め**主要な法令を集めた書物**という意味で用いられることが多く、一般的な使われ方と法律家の使い方とが非常に近いものになっています。

「すべからく」に「例外なく／ことごとく」という意味はないのだと指摘したがる法律家も多い。

06

スピード違反の取り締まり。
10キロオーバーはスルー、
30キロオーバーは違反？

【道路交通法】

（最高速度）

第22条1項　車両は、道路標識等によりその最高速度が指定されている道路においてはその最高速度を、その他の道路においては政令で定める最高速度をこえる速度で進行してはならない。

速度超過を取り巻く状況と運転者の思い

　自動車を運転していてしばしば頭をよぎるのは、法律上の速度制限と実際に走っている車の速度に開きがあるということです。

　有り体に言うと「40km/h制限の道を40km/hで走っている車はいない」といった現象ないし運転者の意識のことですが、世のドライバーの皆さんはこのモヤッとした法規のルールと実態の乖離(かいり)を、どのように受け止めてハンドルを握っているのでしょうか。

　おぼろげながら「速度超過も10km/hまでならまあ大丈夫」「30km/hを超えるとさすがにマズい」といった漠然とした二つのラインを意識している人が多いのではないでしょうか。

　では、その意識はいったいどこから来るのでしょうか。また速度超過に**グレーゾーン**のようなものがあるとして、その乖離は是正されるべきなのでしょうか。

「30km/hオーバーまで」にある運転者の意識

　道路交通法やその委任を受けた政令では、制限速度違反について、速度超過の程度ごとにいくつかの段階的なペナルティを置いています。

　一般道で30km/h未満（高速道路で40km/h未満。以下同じ）の速度超過は反則行為としていわゆる青キップ（交通反則告知書）を切られ、反則金の納付を求められます。しばしばこれを「罰金」と呼ぶ人がいますが、正しくは「反則金」という行政罰です。

　金額は道路交通法施行令の別表で細かく定められており、告知されてから7日以内に反則金を支払えばそれで終わりです（ただし、反則点数はつきますし、反則金も不払いのままだと刑事処分になってしまいます）。

　一方、一般道で30km/h（高速道路で40km/h）以上の速度超過の場合は赤キップが切られ、いきなり「6月以下の懲役又は10万円以下の罰金」という刑事罰の対象となります。30km/h（40km/h）以上の速度超過は「非反則行為」と呼ばれますが、これは**「もはや反則行為の域を超えている」**といった

ニュアンスです。

　「30km/hオーバー」が多くの運転者の意識的な分水嶺になっているのは、こうした「反則金（行政処分）で終わるか罰金・懲役（執行猶予）になるか」という分かれ道に由来しているのだろうと思います。ちなみに、非反則行為として刑事処分になる場合、速度超過がおおむね80km/hを超えるときは執行猶予付きの懲役刑（公判手続）となり、80km/hを超えなければ罰金（略式命令手続）となるのが一般的です。

「10km/h」のバッファの正体

　とはいえ、普通に車を運転している限り30km/hオーバーで止められるというケースはそれほど多くはないはずです。一般の運転者の関心事は、やはり**反則行為として検挙されるのはどの程度の速度違反からか**というところでしょう。

　こちらは「反則行為／非反則行為」のような法令上の明確な区別はないので、**形式的には制限速度を0.1km/hでも超えると違反**になります。もっとも、巷（ちまた）では**「制限速度＋10km/h程度までは検挙が見送られるケースが多い」**ともいわれています（真偽のほとはよくわかりませんが、私自身も警察の関係者がそのように口にするのを聞いたことがあります）。

　道路交通法には、制限速度のほかにも通行区分やキープレフト、一時停止、追越し方法など様々な守るべきルールが設けられていますが、こうしたルールと実態の乖離がはっきりと存在しているものはほかには見当たりません。

　そして、速度制限についてこのような「10km/hのバッファ」が設けられているのは、警察が寛容であるというわけではなく、単に**反則行為認定の明確性を確保**するためであろうと思われます。40km/h制限のところを42km/hや43km/hで検挙していたのでは、その事実を巡って争いが生じやすくなりますし、実際に一昔前のオービスやねずみ捕りの機器では一定の走行・測定条件下でプラス方向の速度誤差が出ることも指摘されていました。そんなわけで「法定速度の10km/h超過ならさすがに検挙の誤認のリスクは低くなるだろう」ということです。また、この**規制の緩衝地帯**を置くことで、「1km/hや

2km/hの超過ぐらい大目に見てよ」という面倒臭い違反者とのふれあいもすっ飛ばすことができます。

グレーゾーンをどう考えたらよい？

もちろん「**制限速度＋10km/h程度までは検挙が見送られるケースが多い**」というのは、法律の条文上明確化されたルールではなく、**事実上の運用、暗黙のルール**に過ぎません。あくまでも形式的には「40km/h制限の道路を、それを超える速度で走ったら違反」であることは変わらないのです。

では、2km/hや3km/hの速度超過でも反則行為として処理されるべきかというと、必ずしもそうは言えません。他の多くの事例で検挙されていない実情がありますし、行政罰にも比例原則（ある正当な政策目的を達成するための手段が目的との関係で必要最小限度のものでなければならないとする考え方）が適用されると理解されるからです。軽微な速度超過が形式的には反則行為に当たるとしても、それに対して行政罰を科す必要があるといえるかは問題となるでしょう。

実情に規制内容を合わせるべきでない理由

ですから「40km/h制限の道を50km/hで走っている車が多いのだから、40km/hの速度規制自体がおかしいのだ」というのは、逆にこのような**規制の実態**を見ない本末転倒の議論です。車両通行の実情に合わせて50km/h制限に変えた途端、車は60km/hで走りだすでしょう。40km/h制限は、車両の速度を50km/h以下に抑えるという役割を果たしているとみることもできます。

昔、「赤信号、みんなで渡れば怖くない」という言葉が流行りましたが、結局それは向こう見ずな加害者を増やすだけです。**こと交通法規に関しては、取引規制と異なり「実情」を過大視することがあってはいけません。**安全の上ではまずルールありきで考えるべきなのです。

裁判官が所外尋問等のために移動に使う車両は制限速度を厳守するので、1車線道路では多くの車が連なり、さながら大名行列の様相を呈する。

07

不公平感
★★★

コンセンサス
☆

まるで
「ステルス改正」？
電動キックボードの謎

７月から
こんな改正が
始まるって
ご存じでしたか？

さあ
どうだったかしら。
うちは普段
あまりニュースは
見てませんもので……。

【日本国憲法】

第41条　国会は、国権の最高機関であつて、国の唯一の立法機関である。

法律が「いつのまにか」できている

学校では「法律の制定は、唯一の立法機関である国会において、主権者である国民の代表によって行われている」と習った記憶がありますが、社会の動きを見ていると、**知らないうちに聞いたこともない法律が突然現れる**ような印象を受けることがあります。もちろん、日本には2,000件以上の法律がありますから、改正の経緯が大きく報道されるケースはともかく、それ以外のなじみの薄い法律の動向にまで関心を持てというのは無理な話です。

ところが、国民の生活に少なくない影響を与えるものであるのに、経緯がよくわからないまま法律の制定や改廃が進んでしまうということがしばしばあります。

街で見かけるようになった電動KB

最近、街中でライトグリーンの電動キックボード（以下「電動KB」）に乗った人を見かけることが増えました。ほんの数年前は見なかったこうした状況が生まれたのは、**ある法改正が一つのきっかけ**になっています。

電動KB自体は2010年代半ば頃からありますが、我が国では「車両」として道路交通法の適用を受けてきました。原動機（電動式モーター）の定格出力の大きさごとに、原動機付自転車や普通自動二輪車などとして規制の対象となっていたのです。定格出力が一番低い0.60キロワット以下でも原付ですから、当然、運転するためには免許が必要で、無免許運転には懲役刑を含む罰則もあります。

ところが、令和5年7月1日施行の改正道路交通法により、電動KBのうち最高速度20km以下のものについては「特定小型原動機付自転車」というカテゴリが新設され、これらは16歳以上の者であれば運転免許なしで公道（車道・自転車道）を走ることができるようになりました（歩道や路側帯は走れません）。

法改正はどのような経緯でなされたか

　多くの国民にとっては唐突感があったこの法改正。経緯を大まかに見ると、はじめに電動KBの普及を意図する事業者がおり、それら事業者が複数集まって「マイクロモビリティ推進協議会」という業界団体を立ち上げました。そして、経済産業省への提言や規制のサンドボックス制度を利用した実証実験、新事業特例制度による公道での事業実施、自民党MaaS議連への働きかけ等のロビー活動を経て、一気に法改正の流れを作ったというものです。この辺りの事業者と国会議員の距離感や呼吸がどのようなものかは分かりませんが、おそらくマイクロモビリティの社会的意義と重要性に心を打たれた多くの議員の方が、純粋な使命感から法改正に向けた働きかけを精力的に行っていったのだろうと推察します。

規制のサンドボックス制度とは？

　規制のサンドボックス制度（新技術等実証制度）は、現行の法規制の下では実施困難な新技術を用いたビジネスモデルの社会実装に向けて、規制官庁の認定を受けた上で実証実験を行う仕組みで、平成30年6月にできた比較的新しい制度です。電動KBのケースでは、公道ではない国立大学の構内などで実証実験が行われたようです。この制度は、内閣官房の資料でも「まずやってみる！」を謳い文句とし、事業化や規制の見直しを目標としているように、それ自体、新技術・新事業の社会実装のために規制緩和を行うことをかなり強く意識した制度であるという印象を受けます。

社会的課題の解決手段たり得たか

　法改正にはそれを支える理由が必要ですが、ロビー活動では、マイクロモビリティの規制緩和の遅れによる海外事業者との競争力の低下回避、人口減少・高齢化・公共交通維持困難の下での代替的移動手段としての活用、あ

るいは大都市圏でのラストワンマイルの移動手段としての活用、安全であり環境負荷も小さいことなどがアピールされていたようです。地方の高齢者が電動KBで買い物に行く姿がイメージできないのは私の想像力の問題かもしれませんが、自他に対する安全性が確保されているかどうかは実証実験でも大きな関心事であったようです。

強力すぎる事業者主導に違和感

　以上の経緯を経て、令和4年4月に「特定小型原動機付自転車」を新設する改正道路交通法が成立したわけですが、業界団体の設立から改正までわずか3年です。これは**規制緩和方向での道路交通法改正の流れとしては**急激と言ってよいでしょう（逆に、国民の生命・身体を守るための規制強化方向の改正はもっと迅速なものがあります）。

　この道交法改正の眼目は、要するに**それまで運転免許とヘルメットがなければ乗れなかった電動KBを免許もヘルメットもなしで、公道で気軽に乗れるようにしたこと**にあります。その法改正に唐突感を感じてしまうのは、改正の動きが電動KBの推進・普及を図る事業者主導で生まれたものであり、そこに一般消費者の問題意識が伴っていなかったためでしょう。そもそも、法改正までは電動KBはお世辞にも普及していたとはいえません。サービス事業者がいなかったという事情もありますが、自家用もさっぱりだったのは免許取得やヘルメット着用が消費者の選択の障壁となっていたことを示しています。「メットと免許がいるなら『普通の原付』に乗るよ」と考える人がいても格別おかしいとは思えません。

　もちろん「新しい技術やサービスの普及は消費者の需要や意識ではなく、事業者や製品・サービスが主導していくべきものだ」という見方には、私も異論はありません。スマートフォンも消費者が求めたから生まれたわけではないでしょう。ここでの問題は、電動KBの技術的な有用性ではなく、「公道を時速20kmで走れる動力のついた移動手段を無免許・ノーヘルで利用できるようにする法改正の立法事実があったのか」という点です。

立法事実とは、**法律を制定する場合の基礎を形成し、かつその合理性を支える社会的・経済的・政治的・科学的事実のこと**をいいます（有斐閣『法律学小辞典（第5版）』1328頁）。本来、法の合憲性の有無を判定する際に問題とされるものですが、新法の制定や改正の場面でもそれを支える立法事実があるのかどうかは当然問題となります。今回のように、既にある規制を緩和する改正については、それをしても問題がないか、新たな問題を生むことにならないかという点が十分に検討されなければならなかったはずです。

最初から「ヘルメット着用任意」が念頭に

　電動KBは、令和5年7月の改正法施行とシェアリングサービス開始以後、若者を中心に**チョイ乗り需要**を喚起し、利用が進んでいるようです。一方、SNS等で二人乗りや信号無視、飲酒運転の問題が指摘されることがあり、高齢者への当て逃げ事犯や頭部受傷による死亡事故発生の報道も記憶に新しいところです。筆者個人としては、**安全面での十分な議論がないまま事業化前提で道路交通法改正の動きが進み**、社会に浸透しだしてからようやくその危険性や交通ルール無視の問題に人々が気づき始めたという印象を強く持っています。

　そもそも「特定小型原動機付自転車」は、原動機の有無や装備・通行方法などは従来の原動機付自転車に近い反面、ヘルメットも運転免許も不要という点ではむしろ自転車に近いという、実に中途半端な位置づけをもって産声を上げました。そして、法改正とシェアリングサービス開始が急な流れで進んだことも相まって、消費者には、その使用方法や法規制に関する十分な知識・意識が定着しないまま、街中に普及し始めているように感じます。新しい「車両」のカテゴリを設ける段階で、ヘルメット着用を義務づけることもできたわけですが、議連の勉強会や実証実験の報告結果などを見るとむしろ最初から「ヘルメット着用任意」が念頭に置かれていたことがうかがわれます。もちろん、法律による規制は事後規制が基本ですから、これまで危険運転致死傷罪や妨害運転罪の新設、飲酒運転の基準厳格化・厳罰化がなされてきたよ

うに、今後「特定小型原動機付自転車」についても、悪質・危険な運転行為をきっかけに規制強化がなされるかもしれません。

「ステルス改正」が生み出すもの

　電動KBにまつわる道路交通法改正は、実証実験や公道での限定的な事業実施を経て、有力な政権与党の議員・議連に働きかけて法改正を実現しており、法改正の手続的には瑕疵はありません。もっとも、規制を受ける事業者主導でなされた法改正については、成立してから国民がその影響の大きさに気づくということがあります。

　これは、国民の目からは**知らないうちに聞いたこともない法律が突然現れる**ように映り、「ステルス改正」であるかのような印象を受けることになります。規制のサンドボックス制度の認定を受ける事例は、事業化・規制緩和を念頭に置いて実証実験が実施されるため、もともとそうした「ステルス改正」を生みやすい素地があります。そうした改正が生じることは法改正の構造と国民の関心の限界から避けがたいところですが、いったん生まれた法律に何かしら問題があるのだとすれば、そこであるべき形に変えていく動きもまた必要であろうと思われます。

花の都では既に禁止

　日本で電動KBが唐突な滑り出しを見せたのと対照的に、花の都パリでは2023年9月から電動KBのレンタルサービスが禁止されました。日本より先に2018年からシェアリングサービスが開始されていましたが、安全性への懸念や無謀運転、駐車マナーなどについて市民の苦情が増え、2023年4月の住民投票で投票者の90％が禁止を支持した結果だといいます。今後、我が国でもどのような動きを見せるのか、目が離せません。

西洋に「ソーセージと法律の作り方に無知であるほど、その人はよく眠るだろう」という言葉がある。

08

大麻の所持は違法だけど
「使用」は罰せられない
って本当!?

ひどい!

来月から
自己使用が
違法になるなんて!

アニキ
使ってない
乾燥大麻が
まだこんなに。

残念ね、
所持は前から
違法なのよ。

たいほ状

【大麻取締法】
※令和5年12月13日法律第84号による改正前

第3条1項　大麻取扱者でなければ大麻を所持し、栽培し、譲り受け、譲り渡し、又は研究のため使用してはならない。
2項　この法律の規定により大麻を所持することができる者は、大麻をその所持する目的以外の目的に使用してはならない。

「大麻草の使用は罰せられない」は本当か?

　大麻と言えば、少し背伸びしたい盛りの向こう見ずな若者がどこからか入手してきてこっそり使い、仲間とともに芋づる式に一斉検挙されることで時折新聞を賑わせるというイメージがありますが、我が国では大麻取締法という特別法で種々の規制が敷かれてきました。

　時折耳にするのが「大麻は所持するのは違法だけれど自分で使う行為は罰せられない」という話です。「警察は三が日は飲酒検問をしない」というのと同じくらいうさん臭さを感じる話ですが、私がこの原稿を書いている時点（令和6年11月）で施行されている法を前提とすると、大麻の自己使用に罰則がないのは事実です。

　大麻取締法3条でも、**禁止**されているのは、免許を受けた大麻栽培者・研究者以外の者が行う所持、栽培、譲り受け・譲り渡しのほか研究のための使用です。「研究のため」という崇高な目的での使用は罰せられて、遊興目的での自己使用は罰せられないというのは一見奇異にも思えますが、これは想定されている使用行為自体が異なることに理由があります。

　また、大麻草の中でも成熟した茎や種子、それらをもとにした製品（茎由来の樹脂は除かれます）は有害成分がほとんどないために、そもそも規制の対象外とされてきました（同法1条）。

　では、なぜ自己使用がこれまで罰せられなかったのか。これには処罰範囲の明確化のためであるとか、合法的な大麻栽培農家への偶発的な処罰を避けるためであったとか、いろいろな説が唱えられてきました（今も説の一致を見ないようです）。

所持はきっちり罰せられる

　「でも所持で処罰されるなら自己使用が合法でも意味ないじゃない」という意見は、（そもそもの立ち位置はどうかと思いますが）疑問としては実に真っ当です。

　実際、多くの若者が処罰されているのも所持によるものです。

国も大麻の使用を積極的に認めてきたわけではなく、その依存性や有害性を考えると積極的に流通させる行為を処罰する必要性自体はあるわけです。

　大麻使用には意識障害や認知障害、心筋梗塞、脳卒中など健康被害のリスクがあり、特に若いうちからの乱用は依存リスクを高めることが指摘されています。

　一方「大麻は身体には悪くない」という、**特定のサイド**からよく唱えられる意見は、だいたい明確な根拠がありません。

　では「所持のない自己使用」というものは考えられないものでしょうか。例えば、歩いていると空から降ってきた大麻樹脂がたまたま口に入り、大麻だと認識した上で摂取したという形であれば、所持なくして使用したといえるのかもしれませんが、それこそ大麻使用で見る幻覚と同じくらい現実味がありません。「じゃあどうしたらいいの?」とお嘆きの方には、茎や種子をかじって我慢するか、いっそ大麻の使用をやめてみてはと提案したいと思います。

そして使用も禁止されることに。

　今まで単純な自己使用は処罰の対象とされてこなかったわけですが、近年、20代以下の若者に大麻の乱用が広がりを見せるなど深刻な事態になっていること、以前から「自己使用が処罰されない」ことが乱用のハードルを下げているとの指摘があったことから、令和5年12月、ついに大麻の自己使用も処罰対象とする改正大麻取締法(「大麻草の栽培の規制に関する法律」と名前もリニューアルされました)が国会で可決・成立し、令和6年12月12日から施行されることになりました。これで前途ある若者が「大麻の自己使用は本当に処罰されないの?」という不確かな情報に惑わされることもなくなるというものです。

「使用」に関するもう一つの大きな改正

　改正大麻取締法のもう一つの目玉として、これまで禁止されてきた**大麻草原料の医薬品利用が認められた**点が挙げられます。大麻は難治性のてんか

んに対する効果から、海外では抗てんかん薬としての利用が認められてきたため、我が国でも大麻草原料の医薬品利用解禁を望む声がありました。

　個人的には、こちらの方が大麻の自己使用罪創設よりも大きな意義があるように思います。筆者は今回の改正法の話題を耳にしたとき、リーガルサービスと大麻はあるべきところにあるべき形で行き渡らなければならないと感じた次第です。

こっちも参考になる！

法改正でこうなった

　冒頭の改正前の「大麻取締法」3条と異なり、「研究のための使用」を禁じる定めなどが削除され非常にシンプルな形に改められました。

　そして大麻等の不正な施用（使用）も他の規制薬物と同じく麻薬及び向精神薬取締法上の「麻薬」として禁止の対象となり、その違反は7年以下の懲役という罰則が科せられることになりました。

大麻草の栽培の規制に関する法律

第3条　大麻草栽培者でなければ大麻草を栽培してはならない。

大麻草の種子（麻の実）は七味唐辛子にも使われている。天ぷらそばを食べるときにかすかに感じる罪悪感もこのためである。

09

「はじめてのおつかい」で肉じゃがの材料はそろわない！

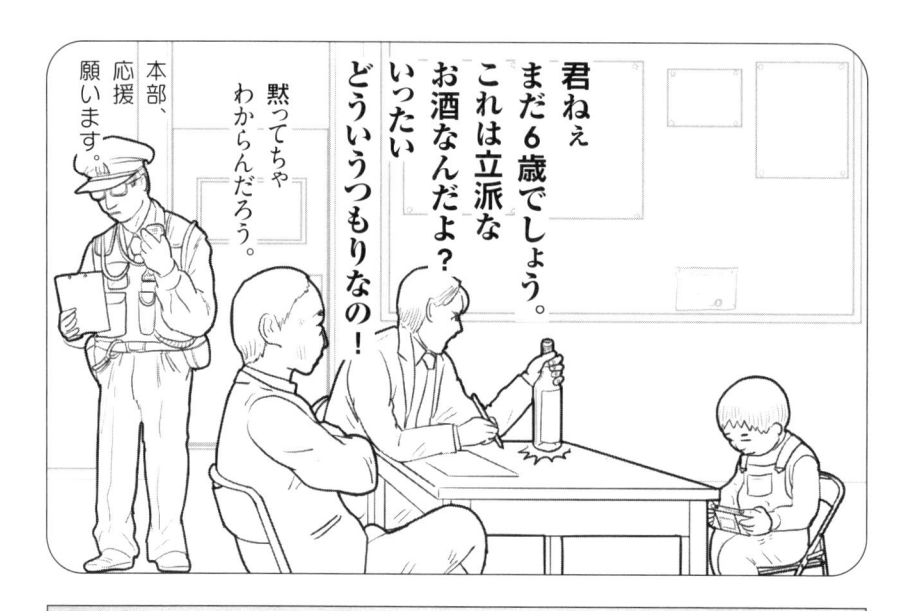

> 君ねぇ
> まだ6歳でしょう。
> これは立派な
> お酒なんだよ？
> いったい
> どういうつもりなの！
>
> 黙ってちゃ
> わからんだろう。
>
> 本部、
> 応援
> 願います。

【二十歳未満ノ者ノ飲酒ノ禁止ニ関スル法律】

第1条3項　営業者ニシテ其ノ業態上酒類ヲ販売又ハ供与スル者ハ二十歳未満ノ者ノ飲用ニ供スルコトヲ知リテ酒類ヲ販売又ハ供与スルコトヲ得ス

○○○はまったくもって酒である。

　ビールと発泡酒、第三のビール、ノンアルコールビールなどの味や度数、値段の違いには敏感な現代人も、つい見落としてしまいがちな「隠れアルコール」がこの世には存在します。

　私たちは普段、みりんを調味料の一種か何かだと考えて日常生活を送りがちですが、本みりんのアルコール度数は14％程度に達し、法律上は立派なお酒（酒類）に当たります。ビール（通常5％程度）よりもずっと度数が高く、一般的なワインやシャンパンとそう変わりません。

　営業者が未成年に酒類を販売すると50万円以下の罰金に処せられるということもあって、普通のお店では、二十歳未満の者が本みりんを買おうとしても売ってもらえないのです。もしあなたが大切に育ててきたお子さんのはじめてのおつかいで、うっかり本みりんを調達品に加えてしまったとしたら、彼または彼女が直面する試練は思いがけず大きく、必要以上にほろ苦いものになるでしょう。

どうしても「はじめてのおつかい」で
肉じゃがを作りたいあなたに

　小学生のお子さんにどうあっても肉じゃがの材料一式を買ってこさせたい、そこは絶対に譲れないし他の献立を考えるのも億劫だという場合、何か方法はないのでしょうか。本みりんではなくみりん風調味料を使うという方法があります。これはアルコール度数が1％未満であるため、法律上、酒類に該当せず、二十歳未満のお子さんでも安心して買ってくることができます。とはいえ、肉じゃがの材料一式となるとそれなりに重くなりますし、調達の難度も上がりますから、場合によっては「はじめてのおつかい」をもう少し遅らせることも一考です。

「はじめてのおつかい」はカレーなどが無難だが、「ウチはカレーに必ずワインを入れる」というご家庭はやはり要注意である。

Chapter

外に出てみると、
銭湯、学校、ライブハウスから
町づくりまで、
ふしぎなルールが隠れている。

02

町中で出会うふしぎな法律

Contents

01

お風呂代、
スーパー銭湯は高いのに
近所の銭湯はなぜ格安？

【物価統制令】
（昭和21年勅令第118号）

第4条　主務大臣物価ガ著シク昂騰シ又ハ昂騰スル虞アル場合ニ於テ他ノ措置ニ依リテハ価格等ノ安定ヲ確保スルコト困難ト認ムルトキハ第七条ニ規定スル場合ヲ除クノ外政令ノ定ムル所ニ依リ当該価格等ニ付其ノ統制額ヲ指定スルコトヲ得

銭湯の料金が安いのはなぜ?

　銭湯に行き、湯船に浸かって手足を伸ばすと、浮世の憂さの全てがほんの一瞬だけどうでもよくなります。

　広々とした湯船、恐ろしく安いシャンプー・リンスや四角い石鹸、原理のよくわからない電気風呂、湯上がりのフルーツ牛乳など、銭湯の魅力は数多くありますが、我々庶民に優しい価格設定もその一つです。参考までに私が足繁く通っている自宅近くの銭湯の値段を挙げると、大人（12歳以上）400円、中人（6歳以上12歳未満）150円、小人（6歳未満）60円という驚きの安さです（しかも学生証を提示すればさらに50円引き）。

　今や弁護士費用以外の全てのモノ・サービスの価格がうなぎ上りに高騰している状況にあって、銭湯の価格の上方硬直性はどのようなからくりによって生じているのでしょうか。

唯一残る統制価格、それが銭湯の料金。

　銭湯の料金は、実は**物価統制令という名の勅令**によって上限が定められています。我が国は昭和20年、太平洋戦争敗戦の憂き目に遭い、終戦後の混乱期には、物価の高騰に見舞われることとなりました。家財や衣服を食料と交換するシーンは多くの映画や小説で見られるとおりです。そうした国民の窮乏を避け、不当な取引を取り締まるため、昭和21年に施行されたのがモノ・サービスの対価の額を取り締まる物価統制令だったというわけです。

　当初は、生活必需品の多くに価格統制が行われていましたが、日本の経済復興による国民生活の改善に合わせるように統制は緩められ、現在ではこの価格統制は公衆浴場に関するものを残すのみとなったのです。既に戦後79年を経過したにもかかわらず、公衆浴場の利用料金についてだけ価格統制令の統制が生き残っているというのは、モノに溢れた現代のぬるま湯に浸かりきった令和民には何かしら奇妙な気持ちがしてしまいます。

　この公衆浴場の利用料金は地方行政機関の長が定めるものとされており、

都道府県によって統制価格は異なっています。

　私が死ぬまで住む予定の兵庫県では、現在の統制価格は大人490円、中人180円、小人80円です。統制価格はあくまで上限額ですから、それぞれの公衆浴場の事業者が自主的な判断でさらにディスカウントすることは問題ありません。私の行きつけの銭湯のように学生や高齢者が多い町の銭湯には、統制価格よりもさらに安く金額設定しているところも少なくないようです。

　もちろん、事業として見た場合、対価の上限額が法令で固定されている点は事業主にとってはなかなかに厳しい面があります。銭湯では利用客のキャパシティも限られますから、単価が抑えられているからといって、利用者を3倍、4倍と増やして売上高を上げるという方法もとれません。

　一方、銭湯の多くは「○○温泉」と銘打ちつつも、自前で湯を沸かしているところが多いので、昨今の燃料費・原油価格の高騰は公衆浴場経営の利益をさらに圧迫することになります。そうした物価の状況に合わせて、これまで統制価格自体も増額する方向で改定されている一方、自治体からは、利用料金を維持するために統制価格の増額分を補う形で一定の支援がなされているケースが多いようです。このような状況にあっても、統制価格自体を廃止しようという具体的な動きはまだ見られません。自家風呂がこれだけ普及した日本にあっても、銭湯はいまだ国民の暮らしの一部分を支えているということではないかと思います。

ではなぜスーパー銭湯は高いのか?

　ここで気になるのが、最近流行りのスーパー銭湯と呼ばれる温浴施設の価格設定です。入浴料は中学生以上が1,000円、小学生でも600円といった施設が多く、土日祝日はさらに増額というところもあり、銭湯と比べるとおおむね倍以上の価格設定になっています。タオルや湯浴み着のレンタルはもちろん、食事もできる便利さがあります。「風呂に行く」行為自体をレジャーとして再構成しているわけですが、その分、値段も高めに再構成されており、家族総出で行くとそこそこいい値段になります。

　こうしたスーパー銭湯も公衆浴場であるはずですが、この価格差はどう受け止めればよいのでしょうか。結論から言うと、町の銭湯といわゆるスーパー銭湯とは法律上のカテゴライズ自体が異なるのです。

　公衆浴場法で「一般公衆浴場」に当たる銭湯と異なり、スーパー銭湯は同法の「その他の公衆浴場」となるため、そもそも物価統制令が適用されないのです。両者は、地域住民の日常生活において保健衛生上必要なものか、それとも保養・休養・福利厚生等を目的とするものかという違いがあり、前者は利用料を安価に抑える必要がある一方、後者は価格を統制するまでの必要はないと考えられているのです。

　このため、スーパー銭湯の多くは、町の銭湯と異なり、多彩な湯船やサウナ、リラクゼーション設備を設け、飲食サービスも行うなど付加価値を高めつつ、そのサービスに見合った価格設定を行うところが多いというわけです。中には近くの源泉から湯を引いている正真正銘の「温泉」もあるほどです。

銭湯のすすめ

　これを読んだあなたは今、おそらく銭湯に行きたくて仕方がなくなっているはずです。自家風呂では味わえない湯量と広さ、他の人とのふれあい、そしていまだに原理も効能もいまいちくわからない電気風呂が、あなたを待っています。

　ところが、新型コロナウイルス感染症による利用者減や原材料高のあおりを受けて経営難に陥り、ここ数年で釜の火を落とすお風呂屋さんが増えているのは悲しい限りです。スーパー銭湯でお金を湯水のごとく使うのもいいですが、今こそ我々一人ひとりが町の銭湯を下支えするときではないかと感じています。今日は、お近くの銭湯に足を運んでみませんか。

1990年代にはダフ屋行為取締条例のなかった京都で、物価統制令違反容疑で検挙が行われた事例がある。

雅度
★★★★☆

徹底度
★★★★☆

なぜ京都のコンビニは
シックなカラーなのか？

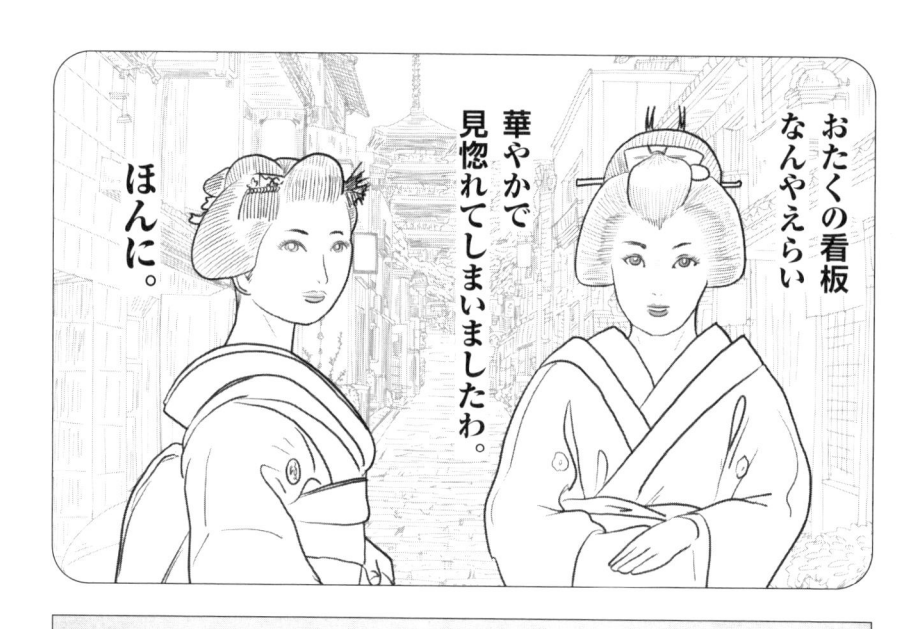

おたくの看板
なんやえらい

華やかで
見惚れてしまいましたわ。

ほんに。

【景観法】

（景観計画）

第8条1項　景観行政団体は、都市、農山漁村その他市街地又は集落を形成している地域及びこれと一体となって景観を形成している地域における次の各号のいずれかに該当する土地（水面を含む。以下この項、第十一条及び第十四条第二項において同じ。）の区域について、良好な景観の形成に関する計画（以下「景観計画」という。）を定めることができる。

京に入りては京の色に従え

「京のコンビニは色がシックどす」という話を見たり聞いたりした人、実際に京都の町で目にした人は多いのではないでしょうか。いつも見慣れたチェーン店が少し違った色味の看板で迎えてくれると、「全国展開の企業も京の町ではあえて澄ました顔をしているのだな」と感じてしまいますが、実はそうではありません。京都市の景観政策のたまものです。

商業用の広告・看板類を「落ち着いた色」とする施策は京都以外でも、鎌倉や奈良、大津など、古都として親しまれる日本全国の都市で行われており、コンビニエンスストアやカフェなどもコーポレートカラーとは違う装いで営業しています。もっとも、その徹底ぶりには濃淡があり、京都市は西京ならぬ最強の規制で臨んでいます。

景観行政のトップランナー、京都市

今でこそ全国的に有名になった京都の景観施策ですが、これは国の景観保護の動きに合わせて進んできたものではありません。

平成16年に**良好な景観の形成促進**を目的とする景観法が制定され、全国の自治体で景観を形成・維持するための景観計画を制定するようになりました。多くの歴史的資産や風情ある町並みを擁する京都市も例外ではなく、平成17年12月に「京都市景観計画」を制定しています。

もっとも、京都市は同法制定から30年以上遡る昭和47年に、全国に先駆けて市街地景観条例を制定し、以来、果敢に景観政策に取り組んできました。そうした歴史を持つ京人からすると、国の施策は、全く後追いもいいところかもしれません。

実際、京都市の景観保護施策の勢いは現在も衰え知らずで、同市が景観法に基づいて指定した景観重要建造物の数は全国でダントツの127件（令和6年3月31日時点）であり、2位の埼玉県川越市（58件）を大きく引き離しています。景観地区（8地区）の指定も全国1位です。

京都市では、建物の屋上看板や回転灯・光の動きを用いた「点滅式・可動式照明」を**市内の全域で全面的に禁止**していますし、市内には屋外広告物禁止地域、屋外広告物規制区域、屋外広告物等特別規制地区の3つしかありません。つまり京都市では屋外広告物の設置が禁止されるか少なくとも市長の許可が必要で、事業者か個人かを問わずフリーハンドで好き勝手に広告や看板を設置できる場所は存在しないのです。

　「高さ15m超の屋外広告を禁止する条例」のある某市で、店舗前の街路樹が枯れることで有名な某中古車販売店が、高さ40mの立体駐車場壁面に看板を掲示したということがありましたが、それとはずいぶん趣が違います。

　ともあれ、こうした筋金入りの景観行政を推し進めてきた京都市には、**建物等の私有財産であっても、それによって形作られる景観は公共の財産である**という意識があり、コンビニやカフェなどの看板に見られる色味の規制もその一つです。

広告物の色合いを巡る京都市のルール

　では、こうした「古都の景観に配慮した看板」がどれもこれも落ち着いた色ばかりになるのはなぜでしょうか。

　中学の美術でも習ったように、色は**色相**(色合い)、**明度**(明るさ)、**彩度**(鮮やかさ)の三要素からなります。そして、京都市の広告・看板の色味の規制は、このうち**彩度の上限**を定め、使ってはいけない「禁止色」と使用を一定以下に抑えなければならない「規制対象色」とを指定する方法で行われます。例えば、黄色であれば(明るさにかかわらず)彩度が4を超えると規制対象となり、彩度が10を超えると使ってはいけないという形で定められています(適用される規制は地域区分で異なります)。

　看板は普通、文字と下地(背景)からなりますが、色の規制については、文字自体よりも下地の方により厳しいルールが適用されます。京都市内のマクドナルドの一部店舗が赤色の下地をなくしてロゴの切り文字だけを建物の外壁に掲示しているのも、このルールを意識したものでしょう。

　古都の色としてイメージされる落ち着いた色味に合わせるため、彩度の高い色（鮮やかな色）の使用を制限した結果、コンビニやカフェ、ファストフードの看板から極彩色が取り除かれ、建物や景色になじんだ落ち着いた色合いに姿を変えるというわけです。

　この色相・明度・彩度の指定は**マンセル・カラー・システムという色の表現手法**が用いられていますが（詳細は割愛します）、これは京都市に限らず都市計画で建造物などの色味を指定・制限する際に広く用いられている方法です。

　そうして得られた「彩度の低い色」は、それだけを見るといやにくすんだ地味な色に見えてしまうものですが、実際に店舗の看板や広告の一部となり、さらにそれが町の一部となると、我々がイメージする京都にマッチした風情のあるものに見えてきます。

自然な色はOKどす

　ちなみに、以上のような色のルールを紹介する京都市都市計画局作成の冊子「京の景観ガイドライン（広告物編）」では、避けるべき色に関して**「けばけばしい」**という雅な表現が7回出てきます。違反広告物には市の行政指導が入りますが、**「行政指導に従っていただけない悪質な違反者」**には、行政処分、公表、行政代執行・刑事告発といった強い措置も予告されています。景観の違反で警官が出てくるというのも何やら乙な話ですが、普段奥ゆかしい表現を好む京都の方には珍しい直接的で強い表現に、景観保護の心意気の強さを感じます。

　なお、この広告・看板の色味に関する規制では、**着色されていない木や石の色は規制対象色にも禁止色にも当たらない**ので、ショッキングピンクやライムイエローの天然石や木が見つかれば、一つのビジネスチャンスになるのではないかと感じます。

「おたくの看板、文字がほんまに読みやすうてええどすなぁ」は要注意である。

トンチを駆使して
24時間営業！
ネットカフェのカラクリ

個室での
フードの
飲食を
禁止することで
法規制を
クリアする
ワケであります。

個室内での飲食が問題

逆転の発想

外で食わせる

本物の天才

天才

天才

【風俗営業等の規制及び業務の適正化等に関する法律】
（風営法）

第2条1項　この法律において「風俗営業」とは、次の各号のいずれかに該当する営業を
いう。
（中略）
3号　喫茶店、バーその他設備を設けて客に飲食をさせる営業で、他から見通すことが困
難であり、かつ、その広さが五平方メートル以下である客席を設けて営むもの

快活に過ごしたいあなたに

　ある24時間営業インターネットカフェチェーン（以下、ネットカフェ）の**「店内で提供している飲食物を鍵付き個室内で飲食してはいけないというルール」**がSNSを賑わせたことがありました。一方、利用客が自分で持ち込んだものであればそのような鍵付き個室で飲食することも禁じられないのだといいます。

　そんな馬鹿なと実際にある事業者のウェブサイトを見てみると、いずれの店舗でも麺類やカレー、揚げ物を中心に豊富なメニューが安価に提供されているにもかかわらず、**「警察の指導により**、当店提供の飲食物（お食事・ドリンクバー・ソフトクリーム・お菓子含む）は**個室内で**お召し上がりいただくことができません」とあります。一方、「店外（コンビニエンスストア等）で購入された飲食物は個室内でお召し上がりいただけます」ともあります。自店で提供しているものではダメで、ほかで買って持ち込んだものであればOKという不可解なルールの理由はどこにあるのでしょうか。

風俗営業の規制を避けるため

　このような謎ルールの理由ですが、「警察の指導により」というところを手がかりに考えてみると、風俗営業等の規制及び業務の適正化に関する法律（風営法）上の**風俗営業（2条1項3号）に該当するのを避けるため**ではないかと思われます。

　風営法の2条1項では「風俗営業」に当たる5つのケースが挙げられています。客の接待をして客に遊興又は飲食をさせる営業だとか、まあじゃん・ぱちんこ等を用いて客に射幸心をそそるおそれのある遊技をさせる営業だとかが該当します。その中に①**喫茶店・バーなどの営業**も含まれているのですが、これらが「風俗営業」に当たるのは②**「店内の照度が10ルクス以下」**であるか、③**「他から見通すことが困難」**④**「その広さが5㎡以下である客席」**という条件を満たす場合になります。

　結果として「風俗営業」に当たるということになると、**公安委員会の許可が**

必要になりますし（3条）、原則として**深夜0時以降は営業できなくなるので**（13条1項）、24時間営業ができなくなります。せっかく高性能なグラフィックボードを搭載したネットゲーム環境や全巻そろった『三国志』があるのに、深夜に店舗を追い出されてしまうのであれば、快活な生活など全く絵に描いた餅になってしまいます（ちなみに、店内の飲食メニューには「揚げもち」もありました）。

ネットカフェは風俗営業に当たってしまうのか？

　もし、ネットカフェが風俗営業に当たってしまうと、ネットカフェに行くたびに家族に「ちょっくら風俗店に行ってくるよ」と断ることになってしまい、なんとなく具合が悪そうです。

　では、風俗営業に該当しないために、事業者はどのような対策をとりうるでしょうか。

　先に見た風営法上のカテゴライズからすると、ネットカフェが該当してしまいそうなのは、①「喫茶店、バーその他設備を設けて客に飲食をさせる営業」という部分です。店内がものすごく暗いか、閉鎖的で狭い個室を営業に使っていれば「風俗営業」になるということでした。もっとも、②「照度10ルクス以下」というと、イメージ的には黒魔術の儀式を執り行うくらいの明るさですから、ネットはできても『三国志』が読めません。ここは心配しなくてよいでしょう。

　一方、ネットカフェの鍵付き個室は③「他から見通すことが困難」なことは明らかですし、④「広さが5㎡（正方形なら一辺2.2メートル強）以下である客席」にも当たってしまいそうです。そもそも「狭く区切られたプライベート空間」は24時間営業と並んでネットカフェの死守しなければならない営業上の砦です。そうなると、閉鎖個室営業を守るネットカフェがとるべき選択は、①にある**「客に飲食をさせる営業」という部分の見直し**しかありません。

　そこで、「自店で販売しているメニューを個室内で食べられると『飲食させる』に当たってしまう」→「でもお客さんが外から買ってきたものを勝手に飲んだり食べたりする分には『飲食させる』に当たらないのではないか」という流れに至ったのではないかということです。こうした発想は短絡的でも何でもなく、

実際、風営法上の無許可営業で検挙されるケースでは、**店舗側が飲食物を提供することが前提**とされています。

こうして生まれた変なルールとともに、鍵付き個室にて24時間の快活な時間が守られるというわけです。

快活と合法の狭間で

とはいえ、ウェブサイトを見てもわかるように、くだんの事業者が各店舗で提供しているメニューのラインナップは深夜の食欲を刺激する茶色いメニュー中心の実に強力な布陣であり、それらを鍵付き個室の利用客が個室内で飲食できないのはいささか殺生な気もします（もちろん、個室以外で食べられるスペースは用意されているのですが）。

熟慮の結果、事業者側が合法となる抜け道を見いだしたように、利用客の側も個室に居ながらにして店内メニューを食べる方策というものを見つけられないものでしょうか。ここで**「鍵付き個室のドアを開け放って食べる」「ドアから頭と両手と皿だけ出して食べる」**というのは鍵付き個室の趣旨に合いません。「2名で店舗に行き、それぞれが店内メニューを購入したあと、それを交換する」という形はどうでしょうか。購入した時点で購入した客の所有となるとして「僕たち（私たち）店舗が提供したものを飲食しているわけではないのよ」という説明も考えられます。

ただし、**警察のご指導**を受けるのはあくまで事業者ですから、こうした屁理屈を見過ごすことはできんと考えた店舗からあなたが出禁をくらうだけでしょう。**郷に入りては郷に従え、ネットカフェに入りては風営法に従え**を心がけて、楽しいネットカフェライフを堪能していただければと思わずにおれません。

営業的に個室の中で眠ることが想定されていないのに、鍵付き個室に鍵がついているのはなぜだろうか。

ライブハウスは実質、居酒屋

と言ったら乾杯を…

乾杯！

それでは

皆さんお手元にドリンク1杯ずつ行き渡りましたか？

【風俗営業等の規制及び業務の適正化等に関する法律】
（風営法）

第2条11項　この法律において「特定遊興飲食店営業」とは、ナイトクラブその他設備を設けて客に遊興をさせ、かつ、客に飲食をさせる営業（客に種類を提供して営むものに限る。）で午前六時後翌日の午前零時前の時間においてのみ営むもの以外のもの（風俗営業に該当するものを除く。）をいう。

「当店、ワンドリンク制ですから」のカラクリ

居酒屋に入るとしばしばワンドリンク制に出くわします。また、注文していない小鉢が最初に出てきて、お通しとしてしっかり料金に上乗せされていることもあります。お通しは、来店した客に、注文品を出すまで待たせずに酒肴を提供するというところに起源があるようです。客側には**お通しだけを断る自由**はないので、サービスとしてではなくもっぱら店側が客単価を上げるための方策として機能していることは否めません。ワンドリンク制も、フードよりも利益率の高いドリンクの売上を上げたいという店側の思惑があります。どちらも法律的に定められたルールではなく、あくまでも商慣習として用いられてきたものですが、入店時、あるいは注文時にあらかじめ説明されたのであれば、客があとから断ることはできません。

そのようなお店と客のせめぎ合いとは別に、少し背景の違う「ワンドリンク制」をとっているのがライブハウスです。ライブハウスの演目の多くではチケット代（前売り・当日）に加え「1D別」等と付記され、来場者は皆、少なくとも1杯ドリンクを注文することが前提となっています。「バンド演奏を聴くのに酒は欠かせない」という公知の事実とは直接の関係はないのです。

ライブハウスには、要件の厳しい興行場営業許可ではなく飲食店許可を取得し、特定遊興飲食店営業として行っているところが多く、**来場者に等しく飲食物を提供して営業しているという実態**が必要です（一方、生演奏はそのような飲食の客に遊興をさせているという形になります）。そのために、バンド演奏を聴きに来た来場者全員にドリンクの注文を義務づけているのです。チケット制とし価格も一律1杯500円というようにサービスの内容も簡素化・合理化されていることが多く、通常の飲食店とは少し様相が違っています。

これもネットカフェ（2-03）と同様、法規制に合わせて事業運営の形をデザインしている例だといえるでしょう。

頼んでないのに出てくる有料のお通しも、たいしてサービス良くないのに一方的に取られるサービス料に比べれば随分と良心的である。

ウザい度
★★☆

はがゆさ
★★☆

推しの現場で迷惑なオタ芸。訴えられる?

【「オタ芸」にまつわる主催者側の責任について示した事例】

アイドルグループのコンサートで一部の観客が行った「オタ芸」につき、コンサート主催者・出演者のコンサート鑑賞者に対する債務不履行責任、不法行為責任が否定された事例。
(大阪高判平成29年4月27日・判タ1441号37頁)

コンサートは静かに厳かに聴くもの?

　あなたが観に行った映画で、隣のカップルがずっとおしゃべりをやめず、登場人物の台詞が聞こえなかったらどう感じるでしょうか。きっと、そのような迷惑な客には出て行ってもらいたいと思うでしょうし、映画館に対してはそうした不心得者を客席から追い出してもらいたいと思うでしょう。

　では、あなたが観に行ったアイドルのコンサートで、一部の観客から繰り返された「オタ芸」のために歌が聞こえなかったとき、主催者側に対して返金や損害賠償、コンサートのやり直しなど何かしらの措置を求めることはできるのでしょうか。

主催者側に認められる「裁量」はどこまで?

　一般論としては、コンサートの主催者は、チケットを購入した観客に対して、コンサートにおける楽曲等の鑑賞に適した環境を用意し、もしこれを害する要因があればそれを取り除くために適切に対処する義務があると考えられます。ヴァイオリンの演奏が始まっているのに、携帯電話で話し続けている客がいた場合、携帯を叩き割るまではいかなくとも、客席からつまみ出すべきだという意見は演奏者を含む多くの人の賛同を得られるはずです。これは「定食屋には注文した客に料理を提供する義務がある」という話と、そう大きな隔たりはありません。

　もっとも、コンサートにおいて「観客の鑑賞態度としてどのようなものまで許容するか」については、主催者の側にある程度の裁量が認められています。それがどのような内容かは、それぞれの公演での演奏内容や出演者・楽曲の性質、そして一般に想定される観客の態度によって大きく異なります。同じ音楽イベントの観客といっても、クラシック、ジャズ、ヘヴィメタルのフェス、アイドルのコンサートでは、それぞれ主催者が許容する鑑賞態度は大きく変わってくるはずです。

　また、主催者の側からすると、どの観客も等しくお金を払ってチケットを購入

し、聴きに来てくれているという点で等しいわけです。例えばそのうちの一人が他の観客の鑑賞態度を迷惑なものだと感じたとしても、それだけで直ちに客席から排除する義務が生じるわけではありませんし、その程度で観客を追い出していたのでは公演自体が成り立たなくなってしまいます。

「迷惑に思う人もいるかもしれないが、まあ許容範囲だということにしよう」と主催者側が考えるのであれば、そのような判断が明らかに社会的相当性を欠くという特殊な場合でない限り、主催者側の判断が尊重されるということです。

これは観客の側からすると、他の客の振る舞いが迷惑だと感じたとしても、それが主催者側の合理的な裁量の範囲内だといえるレベルであれば、客席からの排除などを求めることはできないということになります。

では「オタ芸」は規制されうるか?

では、コンサートでの「オタ芸」は許される範囲でしょうか。「オタ芸」とは主にアイドルのコンサートなどで一部の観客が「オー、オー、オー」とか「ホー、ホワホワ」「よっしゃー、いくぞ、サイバー、ダイバー、ジャージャー」などと気勢（奇声）をあげる行為を言います（かけ声の内容は一例です）。また、激しくジャンプしたり、棒状のライトを両腕で振り回したりする行為を伴うこともあります。

確かに「オタ芸」は一部の観客からは迷惑行為として非難され、コンサートによっては主催者側から明示的に禁止し、違反者には退場を求める旨が事前に告知されている場合もあります。このように主催者が「オタ芸の禁止」を明示・告知している場合は「オタ芸」は認められないと考えるべきで、観客も自制しなければなりません。

一方、主催者がそのような排除の姿勢を明示しておらず、また継続的に「オタ芸」を伴うコンサートを容認してきているという事情がある場合には、そのような「オタ芸を許容する（少なくとも排除しない）」という主催者の判断が尊重されます。客席の前の方を陣取ったいわゆる「常連」筋から繰り出される独特の動きとかけ声が、当の本人たち以外にとって鑑賞の邪魔となる要素と感じるのは理解できるところですが、アイドルのコンサートである限り、そのレベルの

行為であれば許すも許さないも主催者の裁量の範囲内ということですね。

公演内容に似つかわしいか否かが大事

　ここで重要なのは、（一見不快な振る舞いであっても）そうした「オタ芸」を含め、観客によるかけ声は単に鑑賞を阻害する行為ではなく、むしろ**コンサートの雰囲気を高揚させる側面**があるというところです。確かに、コンサートによってはアーティストの名を呼んだり、一緒に大声で歌ったり、失神したりというのは正しい鑑賞方法に含まれそうな気がします。クラシックのコンサートであればとても考えられませんが、アイドルのコンサートだからこそ「オタ芸」が許容される余地が出てくるのです。ここは主催者側の「裁量」を正当化するための重要な要素です。

　また、コンサートの客席から上がるかけ声は、歌舞伎で舞台の役者に大向こう（常連客）が**「成田屋！」「音羽屋！」**などタイミングよく声をかけて、観劇の場を盛り上げるのにも似ています。これを許すも許さないもやはり主催者側に裁量があり、コロナ禍後の公演再開直後は、こうした大向こうのかけ声が主催者の判断で禁止されていました。

　一方、観劇中の携帯電話の使用や他の観客とのおしゃべりなどは、上演・演奏に資する部分はありません。そのため、多くの公演では「携帯電話の電源を切るかマナーモードにせよ」「公演中の私語は控えよ」と事前にアナウンスするのですが、そのルールの違反がひどく鑑賞に差し支えるという場合は、主催者には適切に対処する義務が生じると考えられ、「裁量」で放置することは許されません。迷惑客として即座に客席から退場させるところまでを求めるのは難しいかもしれませんが、少なくとも係員等から注意させるくらいは期待してよいはずです。

正しく公演を楽しむために

　コンサートに限らず公演では、誰しも他の客の振る舞いを迷惑だと感じる場

面はあるものですが、不快・迷惑と感じる行為であってもそれだけで主催者に何かしらの措置を求めたり、公演のやり直しをさせたりできるわけではありません。

　主催者が許容している限り、楽しみ方、鑑賞の仕方は人それぞれですから、そこは理解して楽しみたいものですね。

こっちも参考になる！

コンサートにおける観客の死亡事故について主催者の賠償義務が認められた

　英国のロックバンド、リッチー・ブラックモアズ・レインボーのコンサートにおいて、観客の一人が熱狂した多数の観客に押し倒されて下敷きとなり死亡したという事故で、遺族がコンサートの主催者に損害賠償請求を行った事案です。

　判決では、演奏中に熱狂した観客が席を離れ、ステージ前に殺到して会場が混乱することがあらかじめ予想されたとし、これを防止する措置を怠った主催者に過失があったとして損害賠償請求が認められました。

　もっとも、被害者もコンサート開始直後に自席から離れてステージ前に殺到した群衆の一人であったことから、5割の過失相殺がなされています。非常に痛ましいこの事故は、以後のコンサートで警備体制が大幅に強化されるきっかけとなりました。

（札幌地判昭和58年4月27日・判タ502号145頁）

悪天候で中止された野外コンサートにつき
主催者の債務不履行が否定された

　東京・後楽園球場（現・後楽園スタジアム）における米国歌手マドンナの野外コンサートが降雨と暴風のために中止となったことについて、観客の一人が慰謝料8,888円の支払いなどを求めた事案です。

　裁判所は、コンサート当日の気象状況や時間的制約、人身事故防止の配慮等から主催者側が公演中止を決定したことは誠にやむを得ない措置であったとし、主催者の債務不履行責任を否定しました。

　観客の公演を楽しむ利益よりも主催者側の安全配慮の利益の方が重視された判断といえます。判決では「たとえ数時間後のこととはいえ、天候のような自然現象を的確に予測することは一般に困難」であるとの指摘があり、昭和62年当時とスマホで10分後の天候を簡単に知れるようになった現代の差を感じさせられます。

　原告は被告に対しマドンナのコンサート再演も求めており、むしろこちらが主たる請求であったと考えられますが、大要「マドンナさんの協力なしには実現できないため、被告に強制ができない」とし、不適当な請求だとして認めませんでした。

（東京地判昭和63年5月12日・判時1282号133頁）

　ヘヴィメタルのフェスでは観客のステージダイブが盛んだが、ステージに上がるとすぐスタッフが捕まえにくるのでおそらく「許容」はされていない。

06

宅配便に入れた そのお手紙、違法です

お届けものです。

あと一緒に入っていたこれは

許されないのでこちらで焼却しておきますね。

【郵便法】

（事業の独占）

第4条1項　会社（※日本郵便株式会社）以外の者は、何人も郵便の業務を業とし、また、会社の行う郵便の業務に従事する場合を除いて、郵便の業務に従事してはならない。ただし、会社が、契約により会社のため郵便の業務の一部を委託することを妨げない。

宅配便には、手紙が同封できないって本当?

　「宅配事業者に荷物を預ける際に手紙をつけることはできない」という話を聞いたことはないでしょうか。これは、「日本郵便株式会社以外の者は他人の信書の送達を業としてはならない」という郵便法上のルールがあるためです。郷里の父母・祖父母への贈り物を宅配業者に渡す際に、荷物にそっと忍ばせる手紙も、形式的には郵便法違反になってしまうおそれがあるのです。

入れてはならない「信書」とは?

　「信書」というのは、特定の受取人に対し、差出人の意思を表示し、又は事実を通知する文書のことです。手紙やはがき、結婚式の招待状、業務報告の文書などの「おたより」のほか、見積書・請求書・納品書、免許証、表彰状、行政機関が発行する各種の証明書(印鑑証明書など)もこれに当たります。ダイレクトメールは受取人が記載・指定されているか否かなどによって、信書とそうでないものとに分かれます。ちなみに書籍は信書には当たりません。宅配便では、新書は送れるけれど、信書は送れないということですね。

　「ネット通販で届く荷物にはいつも納品書が入っているけど?」と思うかもしれません。実は、それらは信書でありながら「貨物に添付する無封の添え状又は送り状」として特別に同封が認められているだけなのです(郵便法4条3項但書)。このような例外規定があるおかげで、郷里の母からの宅配便に「美味しい柿ができたので送ります。皆で食べなさい」という挨拶のための短いメモがそのまま入っていても郵便法違反にはならないのです。

　なお、平成15年4月に民間事業者による信書送達事業の許可制度が開始され、信書便法に定める許可を受けた民間事業者も信書の送達を行うことができるようになりました。ところが、制度施行後21年を経過した令和6年6月20日現在、取扱い区域や用途(対象物・区域)の限られる特定サービス型の「特定信書便事業者」は612者いるものの、全国全面参入型の「一般信書便事業者」として許可を受けた事業者はまだいません。

信書のルール、今も必要?

「手紙を届けてくれるのなら郵便局でも宅配便でも別にかまわないのだけれど」というのが、多くの国民の意識ではないでしょうか。

こうした「信書」の送達に関する大仰なルールが定められたのは、それが国民の基本的な通信手段であり、インフラとして全国に公平に、かつ安価に提供される必要があること、そして信書の確実安全な送達が通信の秘密の保護という憲法上の要請（憲法21条2項）にもかなうと考えられたことによります。

ただ、郵便法が制定された終戦直後（昭和22年）であればまだしも、これだけ情報通信技術が発達し、通信の方法も多様化した現在からすると少し首を傾げたくなるような価値判断です。

ところが、この郵便法4条の違反には「3年以下の懲役又は300万円以下の罰金」という、かなり重い刑罰が定められており（郵便法76条）、大手事業者等によるメール便での信書発出が問題とされ、行政指導だけでなく実際に書類送検にまで至ったケースもあります。

ヤマト運輸が、長年配送サービスとして親しまれてきたクロネコメール便を平成27年に廃止して話題になりましたが、これもメール便に信書が同封されてしまうケースがあり、送り主が意図せず罪に問われるリスクが払拭できないというのが大きな理由でした（同社は長らく「信書」となる範囲が不明確であり、送り主が処罰されるリスクは改められるべきだと主張しています）。ヤマト運輸は令和6年から「クロネコゆうメール」という、かつてのサービスと似た名称のサービスを開始しています。これはヤマト運輸が預かった荷物を日本郵便に差し出し、そのネットワークを利用して配送するサービスですが、これもカタログやパンフレットなどの送付が想定されており、やはり信書は送ることができません。

かといって、日本郵便のサービスであれば、信書を送って問題ないかというとそうとも言えません。レターパックやスマートレターであれば、荷物に信書を同封することも、また信書だけを送ることもできますが、ゆうパック、ゆうメール、ゆうパケット、クリックポストでは（無封の添え状や送り状の同封は可能ですが）信書の送付はできないのです。それを正しく知っている人、意識している人がど

れくらいいるのかは、少し気になるところです。

「コンビニで、切手の額を、訊かないで」

　郵便事業が我々の目から見てやや硬直的に映る特徴的なエピソードが、実はもう一つあります。

　今や、郵便切手は郵便局や金券ショップだけでなく、コンビニエンスストアやスーパーマーケット、ネットなどでも買えるようになり、コンビニの中には、店内に郵便ポストを設置しているところもあります。

　いっとき**「コンビニで郵便物に貼る切手の額を尋ねたら『違法になるので教えられない』と断られた」という逸話**がネットで話題になりました。この話の真偽は不明ですが、おそらく「日本郵便以外は郵便事業を行えない」という郵便法4条の定めを過剰に拡大解釈したことによる誤解ではないかと思われます。コンビニの店員さんがお客さんに郵便料金を教えたからといって、直ちに違法になるわけではありません。多くのコンビニでは、不用意な知識で誤って教えたことでトラブルになるのを防ぐために、そうした対応をとるよう指導を行っているのが実情のようです。これは法律相談でシマアジの釣り方を尋ねられても、全ての弁護士が自信を持って答えられないというのと、構造的に大差ありません。

　一方、ハカリで郵便物の重さを計ったり、郵便物の引受をしたりということは郵便事業に該当してしまいますから、これはやはりコンビニではできません。店内にポストが設置されていたとしても、コンビニが郵便の引受をしているわけではないのです。そして、こちらの違反には、先に見た無許可での信書配達業務の場合と同じく、3年以下の懲役又は300万円以下の罰金という重い罰則があります。

　郵便に関して何か分からないことがあるのであれば、あらかじめネットで調べておくか、最初から郵便局へ行った方がよさそうですね。

筆者は社会に出てすぐの頃、40円切手はいくらかを郵便局で聞いたことがある。

AEDで誰かを助けても訴えられる可能性があるって本当?

AEDで

救える命があるはず。

【民法】

（緊急事務管理）
第698条　管理者は、本人の身体、名誉又は財産に対する急迫の危害を免れさせるために事務管理をしたときは、悪意又は重大な過失があるのでなければ、これによって生じた損害を賠償する責任を負わない。

AEDでの人助けに躊躇してしまう理由

　街にAED（自動体外式除細動器）の設置が進んでいます。心室細動や心室頻拍を起こすと、心臓がけいれんしたような状態になり、全身に血を送るポンプ機能が働かなくなります。血流やそれによる酸素の流れが途絶えることで人体には重度の後遺障害や死亡といった重大な結果が生じますが、**蘇生のチャンスは１分経つごとに７～10％低下する**といわれるため、**１分１秒でも早く正常な心拍と血流を再開させること**がまさに死活的に重要になります。AEDは救急隊員や医師が到着するまでの間に、電気ショックを与えて心臓の拍動を正常なリズムに戻すための機器で、これまででは救えなかったたくさんの人の命を守ることになるはずです。

　ところが、「女性にAEDを使用するとき胸をはだけさせることで、助かったあとに訴えられるのではないか」と心配する声を聞くことがあります。「AED使用で強制わいせつ罪に問われるのではないか」といった、**半ば興味本位の無責任な考察**も見られます。また、対象者が女性でなくても「使用方法を間違えた結果、対象者にケガを生じさせてしまったり蘇生できなくさせてしまったりということがあると、本人や家族から訴えられるのではないか」という心配の声もあるようです。

「人助けのリスク」を見込んだ法律がある！

　AED使用が必要となる場面について、民法は**緊急事務管理**（698条）という定めを置いています。「事務管理」という言葉がややオフィスワークじみていますが、ごく簡単に言うと「誰かの身体や名誉、財産に対する差し迫った危険を避けるために行為をした人については、悪意や重大な過失があったのでなければ、その行為によって生じた結果について賠償責任を負わなくてよいですよ」というルールです。名誉や財産を守る場面はなかなかイメージしにくいかもしれませんが、**「誰かの命や身の安全を守るためにした行為なら、よほど大きな問題があったのでない限り、ある程度のことは大目に見てあげようよ」**

というのは、社会一般の意識にもマッチするはずです。命を助けて訴えられるというのでは全く割に合いません。

　例えば、暴走した車が隣のＡさんに向かって突っ込んできたときに、Ａさんを守ろうとして突き飛ばしたところ、転倒させて膝をすりむかせてしまったとしても、Ａさんのケガについてあなたは賠償しなくてよいということです。

　心室細動などでAEDによる処置が必要な人も、基本的には同じ状況にあるとみてよいでしょう。例えば、衣服をはだけさせてAEDを使用する場合であっても、それによって相手に何らかの損害（人に胸部を見られて恥ずかしい思いをするなど）が生じることについて重大な過失があったといえるのでなければ、賠償責任など負わないという結論になります。重過失は言葉の上では過失（軽過失）とさほど差はないように思えますが、法律の世界では重過失は**故意に近いかなり重い程度の落ち度**があることが想定されています。それだけ緊急事務管理に当たる者の責任が軽減されているということです。

もちろん配慮は必要だけれど、救命が最優先

　もちろん、AEDを使用すべき緊急の場面で万全の対策がとられていなかったからといって、重過失があったということはできません。1分1秒を争う場面で何が最も優先されるかという点は、AED使用者の行動や選択に重過失があったといえるか否かの判断に影響します。

　当然、「急迫の危害」とあるように、危機的な状況が現実に差し迫っていないといけません。単に顔色が悪いからという程度で、心室細動かもしれないと考えて、意識も呼吸もあるのにAEDの使用を強行するような行為はそもそも問題外です。

　それよりも筆者が思うのは、医師でない者が苦しんでいる人の様子を見て、はたして「AEDが必要な状態にある」と適切に判断することができるだろうかという点です。道に倒れて苦しそうにしていても、気胸や食中毒かもしれません。ただ、ここも悪意や重過失なく「差し迫った危害がある」と判断したのであれば、結果的に危害がなかったときでも免責されると考えられています。ま

た、現在日本で流通しているAEDでは、反応と呼吸がないときに使用するよう指示が出ますが、電極を対象者に貼ると自動的に心電図検査を行い、電気ショックが必要な状態か否かを判断して音声ガイダンスで知らせてくれます。AED自体は常に冷静です。

AEDについて考えておきたいこと

　昨今、社会で理不尽な責任追及を受けることは少なくありませんが、「触らぬ神に祟りなし」とばかりに、AEDの使用に積極的に関与すべきではないという意見が見られることは悲しく残念なことです。対象者が「私にはAEDは使わないでください」とプリントされたTシャツを着ているのでもない限り、AED使用を躊躇するべきではありません。

　一方、自分のリスクを顧みずにAED使用をして命を救ってくれた（救おうとしてくれた）人に対して、強制わいせつだとか不法行為だとか主張する状況は想像しにくいのですが、もしそうした問題が生じたときは、法律家が一丸となって救助に当たった人を守らねばならないだろうと思います。善良な人が萎縮した結果、助かるはずの命が見過ごされることはあってはなりませんし、AEDを安心して使用できる環境を整えるのは、医学的に救命する術を持たない法律家にとって命を守るためにできる数少ない重要な役目だと思います。

　また、AEDの使用で訴えられるリスクがどうしても気になるのであれば、（ほかにAEDを使える者がいることが前提となりますが）救命処置が必要な人を周囲の好奇の目やスマホから遮り、他の誰かがAEDで処置を行う際の手助けをするという形で力になることもできるはずです。「わいせつ罪で訴えられるのが怖いから女性の命は助けられない」ではなく、サポート役として周囲の人と協力し、救命のための適切な環境を整える努力をすることを考えてみてはいかがでしょうか。

総務省消防庁の「令和5年版　救急・救助の現況」によると、令和4年中に一般市民がAEDで除細動を実施した傷病者数は1,229人である。

08

「そこ、私の席ですけど（怒）」を防ぐための法律がある

【鉄道営業法】

第29条（抜粋）　鉄道係員ノ許諾ヲ受ケスシテ左ノ所為ヲ為シタル者ハ二万円以下ノ罰金又ハ科料ニ処ス
二　乗車券ニ指示シタルモノヨリ優等ノ車ニ乗リタルトキ

あなたの指定席を脅かす存在

　鉄道の旅はどこへ行くにも、なぜか心躍るものです。ところが、せっかく窓際の指定席を買ったのに、いざ車両に乗り込んでみると自分の買った席に知らない人が勝手に座っていたらどうしますか。

　「あの……、席、間違っていませんか?」と勇気を出して話しかけ、相手が「すみません!」とすぐに動いてくれたら問題はありません。

　ところが、それでも動こうとしない相手を前にしたとき、はたして法律は味方してくれるのでしょうか。

旅の平穏を守る、「鉄道営業法」

　鉄道営業法という一般人にはあまりなじみのない明治33年制定の法律には、**鉄道係員の許諾を受けずに乗車券よりも「優等の車」に乗っている者に罰金や科料を科す**とあります。

　また、不遜にも自分の予約した席に座り続ける不心得者に対して、自由席との差額(1,000 ～ 2,000円程度)を損害として賠償請求することも考えられます。ただ、自分で少額訴訟をするにしても、わずか2,000円のために相手の氏名や住所を突き止めて訴訟をするなどというのはおよそ正気とはいえません。

　何より、今のあなたが必要としているのは相手に罰金が課されることや雀の涙ほどの賠償ではなく、自分が確保した席に座り、ビールを飲んで目的地まで平穏に旅をする利益の保障です。

　結局のところ、車掌さんに訴えて席を動くように言ってもらうか、それも難しそうであれば別の席に代えてもらうようにお願いする方が現実的であり精神衛生上もずっと好ましいということになります。

こちらが指摘しても間違いを認めず席を動こうとしない人とは、ふれあいを持たない方が豊かな人生を送れる。

09

おどろき度
★★★

議論の切れ味
★★

カッターナイフの持ち歩きでも銃刀法違反になる?

え!こんなカッター一本でもアウト?!

すいません。カッターナイフ持ち歩いてますね。ちょっと署まできてください。

警視庁 POLICE

【銃砲刀剣類所持等取締法】

（刃体の長さが六センチメートルをこえる刃物の携帯の禁止）
第22条　何人も、業務その他正当な理由による場合を除いては、（中略）刃体の長さが六センチメートルをこえる刃物を携帯してはならない。（以下略）

心にナイフを持つ男（ないし女）

　届いた宅配便の荷物の梱包を解いたり、鉛筆を削ったりと、ナイフがあると助かる場面は日常、意外と多いものです。手足をロープや粘着テープで縛られた状態から抜け出す際にも、ちょっとした刃物があるととても重宝します。

　ところが、銃砲刀剣類所持等取締法（銃刀法）では**刃体の長さが6センチメートルを超えるナイフ**を正当な理由なく携帯してはいけないと定めており、国はその違反に対し2年以下の懲役または30万円以下の罰金という厳しい態度で臨んでいます。

　仕事でのちょっとした作業に使うため、あるいは護身のために、刃物を携帯しておきたいと考える人もいるかもしれません。それが違法とされ、処罰の対象とされてしまうのはどのような場合でしょうか。また、同じ刃物でも、持っていてよいものといけないものとがあるのでしょうか。

刃体、携帯、正当な理由って？

　銃刀法では「刃渡り」と「刃体の長さ」という言葉が使い分けられていますが、これは普段から刃物を仕事で使う人でもなければなかなかわかりにくい概念です。

　「刃渡り」は切っ先から棟区までの長さをいい、刀剣類（刀、やり、長刀、剣、匕首、飛び出しナイフ）に特有の長さの概念です。棟区というのは、茎と棟の境目の部分をいいます。茎は柄に覆われる部分であり、刀剣の持ち手（ハンドル部分）の中に入る箇所のことです。また、棟は「安心せい、峰打ちじゃ」の台詞でおなじみの「峰」とも呼び、刀身の刃ではない側（背中側）のことです。要するに、「刃渡り」は「刃の先っぽと峰側の持ち手との境目部分を結んだ直線の長さ」ということになります。

　一方「刃体の長さ」は、刃物の切っ先（切っ先がない又は切っ先が明らかでない刃物にあっては、刃体の先端）と柄部における切っ先に最も近い点とを結ぶ直線の長さをいいます。ナイフ・カッターナイフや包丁、ハサミなど、刀剣類以

外の刃物に適用される長さです。刃の先っぽから「柄（ハンドル）の最も切っ先に近い部分」までの長さですが、その測定した部分全てに刃がついているとは限りません。

　普段意識することの少ない違いですが、捜査機関の誤解や測定間違いもないとはいえず、検挙の際には謙虚な姿勢で、お手元の刀剣類や刃物の刃渡りあるいは刃体の長さが実際に規制を超えているのかいないのかを測定してもらいましょう。

　「携帯」は法令に詳しい説明はありません。一般には、自宅以外の場所で刃物を手に持ち、あるいは身体に帯びる等して、直ちに使用しうる状態で身辺に置く状態が多少継続することをいうとされます（警視庁見解）。

　「多少継続する」という表現の曖昧さに気持ち悪さを感じますが、これによれば、例えば、カッターナイフをかばんの奥底にしまい込んで取り出すのに時間がかかる状態ならセーフ、手に持ったナイフの刃を舌で舐め回している状態はアウトとなりそうです。

　「正当な理由」は、社会通念に従って判断され、例えば店で購入した刃物を自宅に持ち帰る場合がこれに当たるといわれます。ただ、そうなると「店で買った包丁を自宅に持ち帰るときは、手に持ってすぐに使える状態にしていても（＝携帯していても）問題ない」ということになりそうですが、おそらくそのような不穏な態様で刃物を持ち歩くこと自体から「正当な理由」なしとされてしまう気がします。

軽犯罪法にもご用心

　刃物というとすぐ銃刀法違反に飛びつきがちですが、その長さにかかわらず、正当な理由なく刃物を隠して携帯している場合には軽犯罪法違反（1条2号、拘留又は科料）に問われるおそれがあります。

　また、軽犯罪法では、刃物の所持以外にも、普段思いもしない行為が処罰対象となっていることがあります。

❶正当な理由なく合鍵、のみ、ガラス切りその他他人の邸宅又は建物に侵入するのに使用されるような器具を隠して携帯すること

　侵入盗のニュースでおなじみの「バールのようなもの」だけでなく、ドライバーやペンチ、カッター、縄ばしご、懐中電灯など、普段生活に役立つ道具もここにいう器具に当たり得ます。隠して携帯するというのには、車のトランクに入れて移動することも含まれます。検問で車の中を見られたときにこれらの工具が見つかり、持ち歩きの理由をきちんと説明できないと、少々ややこしいことになります。

❷風水害、地震、火事、交通事故、犯罪の発生その他の変事に際し、正当な理由がなく、公務員から援助を求められたのにかかわらずこれに応じないこと

　事故や災害、火事の際などに、警察官や消防隊員から求められたのにその援助を断ったときには、軽犯罪法違反が成立する場合があるということです。

❸相当の注意をしないで、建物、森林その他燃えるような物の附近で火をたくこと

　キャンプに行く暇がないからといって、密集した住宅街にある自宅の庭でたき火などをしようものなら、周囲の住人に通報され、警察からきついお叱りを受けることになるかもしれません。自宅の敷地内だといっても、周囲の人や家屋に危険を及ぼすような火の使い方は許されず、火事を起こしてしまった場合には、失火責任法の重過失（→5-04）が認められてしまうでしょう。

元の鞘に収まれなかった男女の間でも切れ味鋭い応酬がなされることが多い。

4月1日に生まれた人は
お兄さんお姉さんの学年に！

【学校教育法】

第17条1項　保護者は、子の満六歳に達した日の翌日以後における最初の学年の初めから、満十二歳に達した日の属する学年の終わりまで、これを小学校（中略）に就学させる義務を負う。（以下略）

なんで僕だけ、私だけが前の学年に!?

　小学校でも中学校でも、学年は毎年4月1日に始まり翌年の3月31日に終わります。とすると、どの学年も4月1日から翌年3月31日の間に生まれた生徒が集められていると思いがちですが、実際は4月2日から翌年4月1日生まれの生徒で1つの学年になっています。4月1日生まれの人だけ、前の学年に組み込まれてしまうのです。なぜこのような不可解な切り分けがされてしまうのでしょうか。

　これは、学校教育法で**「満6歳に達した日の翌日以後における最初の学年のはじめから就学させる」**というルールが定められているからです。

　一方、法律で人は誕生日の前日が終わった瞬間に一つ年をとるとされています。これは「年齢計算ニ関スル法律」と通称される法律で定められていることで、日付が変わった瞬間に彼氏が彼女にお誕生日おめでとうメッセージを送るのは至極理にかなっているのです。

　そんなわけで、例えば令和元年4月1日生まれの人は、令和7年3月31日が終了した瞬間に6歳になります。その結果、「令和元年組」のうち元旦から4月1日の間に生まれた人までは、令和7年4月1日に始まる小学1年生の学期にギリギリ間に合ってしまうのですが、4月2日生まれの人は満6歳に達した時点（4月1日が終了した時点）で既にその年の学年が始まっているので翌年まで待たなければいけないのです。

　「4月1日生まれの人だけが前の学年に引き上げられている」のではなく、「4月2日以降に生まれた人が全て翌年度まで入学を遅らせられる」というのが正しいのです。

早生まれは人よりも苦労する!?

　小学生にとって自分が上の学年と下の学年のどちらに属するのかは大きな問題です。筆者のように早生まれでこの世に生を受けた人間は、小学校の6年間、常に自分よりも発育や人生経験でちょっぴり勝る人たちとレースをするこ

とを強いられるからです。もっともそれとは別に「なんで4月1日生まれだけ前の学年に？」というのは、「自分だけは逃げ切れると思っていたのにアテが外れた」という釈然としない感じがあります。しかし、それも含めて人生の味わい深さです。

小学校での「1年」の重み

　小学生が学校の校長に対して「進級させる処分を取り消せ」と請求したという、争いの内容的にも少し珍しい事件がありました。基準の成績不達で当たり前に原級留置となる大学では、どうにかして留年を回避したい学生が悪戦苦闘するのとずいぶん様子が違っています。もちろん、実際に訴えを起こしたのは原告の父親であり、小学生自身が訴状を書いて提出したというわけではありません。

　原告は平成4年4月に市立小学校の5年生になったのですが、クラスでのトラブルなどをきっかけに年度途中から登校しなくなり、平成4年4月1日から平成5年3月31日までのあいだに授業に出席したのは、全授業日数235日のうち71日のみでした。小学生の父親は5年生の学力を有しないまま6年生に進級しても授業についていけないと考え、小学生を留年させるよう学校に求め、登校もやめさせましたが、学校が留年を認めず小学生を平成5年4月1日に6年生に進級させる処分を行ったため、それを取り消すよう求めたという裁判です。

　この裁判で原告（小学生）は、小学校で進級させるかどうかの判断は学業の成績と出席日数のみで判断されるべきであり、平成4年度の授業日数の3分の1以下しか登校・出席していない原告は進級させるべきではないと主張しました。これは、学校教育法施行規則で「小学校において、各学年の課程の修了又は卒業を認めるに当たっては、児童の

平素の成績を評価して、これを定めなければならない」といったルールが置かれていたことを理由とするものでした。

ところが、裁判所は、義務教育であり、かつ心身の発達に応じた初等普通教育を施す小学校では、**単純な学業成績の評価や出席日数だけでなく、児童本人の性格・資質・能力・健康状態・生活態度・今後の発展性を考慮した教育的配慮のもとで総合的に決せられるべき**だと指摘しました。

結果として、裁判所は「6年生に進級させる処分を取り消せ」という原告の訴えを認めませんでした。そこでは「学業成績や出席日数のみに基づいて進級させなかった場合、小学校の段階では年齢により、体格・精神年齢・運動能力に顕著な差があり、1学年遅れると次の学年の児童の間に溶け込むのに大変な努力が必要となるし、社会的な違和感に耐える必要があるという著しい不利益を被ることを考慮すべきである。だから、進級認定の可否を単純な成績評価や出席日数のみで判断するのは妥当でない。」と指摘しています。なるほど、1年のうち多くを欠席した生徒が翌年同級生と一緒に進級した場合、再び教室の空気になじむのはそれなりに大変かもしれませんが、1学年下の生徒ともう一度同じ学年をやり直すとなるとそちらの方がさらに大変そうです（小学校で留年したという経歴は、その後に対する影響も大きそうです）。

どれだけ多くの欠席日数があっても（1年にわずか数日しか登校しなかったとしても）、小学生は普通に進級も卒業もできるというのは、昨今はニュースやSNSからの情報でよく知られているところですが、そこには**「小学校で一学年遅れると次の学年に溶け込むのは大変だ」**という考慮があるというわけです。

（神戸地判平成5年8月30日・判タ833号177頁）

一学年のうちで確実に遅く生まれているのに「早生まれ」と呼ぶのはこれまた釈然としない。

もしかして違法営業!?
今も煙草が吸える
お店の謎

あと、煙草吸える喫茶店めっちゃ減った。

国の方向を示すのが政治家の役目だ。それができなければ役人以下だ。

ケーキセット　650円
サンドイッチ　450円
アイスクリーム　600円
ロッキード　5億円

【健康増進法】

（特定施設等における喫煙の禁止等）
第29条　何人も、正当な理由がなくて、特定施設等においては、次の各号に掲げる特定施設等の区分に応じ、当該特定施設等の当該各号に定める場所（中略）で喫煙をしてはならない。（以下略）

【既存特定飲食提供施設の考え方及び範囲について】
（厚生労働省）

紫煙と昭和は遠くなりにけり

近年の健康意識の高まりとともに、受動喫煙のリスクや加害性が認識されだしたのは全ての日本国民にとって良いことでしょう。

そして、東京オリンピック・パラリンピックを控えた健康増進法の改正により、令和2年春から、商業施設や工場等でも原則屋内禁煙となり、「客に吸わせるならば喫煙室か屋外で」と相成ったのは、特に愛煙家諸氏にとっては記憶に新しいところです。

「昭和の時代、電車や新幹線、オフィスの中で普通に煙草が吸えた」というのは、オカルトじみた都市伝説を通り越して、今や悪質なデマの趣すらありますが、時代の流れとは本来そうしたものです。

ところが、街を見渡すと今でも、喫煙しながら飲食ができる店舗が散見されます。これらは当局の目をかいくぐった違法営業なのでしょうか。

経過措置に救われた愛煙家

実は、新たな規制が設けられる際によくあるように、この「原則屋内禁煙・喫煙室設置」にも、それを猶予する経過措置が法律上設けられており、**①令和2年4月1日以前から営業している、②資本金5,000万円以下、③客席面積100㎡以下**の飲食店は、届出によりなお店内で喫煙可能とされたのです。喫煙室設置等の対応が難しい中小規模事業者に限って猶予が設けられたものですが、**この経過措置には期間が定められていません。**

筆者のようなライト層も含め、愛煙家が今もひっそりと街の片隅の店舗で煙草を吸いながら飲食を楽しめるのはこうしたカラクリによります。

愛煙家とは自らの禁煙に経過措置を設け続けている人のことである。

Chapter

ハレとケ。家族とのあり方。
当たり前とされた慣習を見直してみよう。
ルールができあがった歴史をたどってみよう。

家族と冠婚葬祭にまつわるふしぎな法律

Contents

お手軽度
☆

きちんとしておきたい度
☆☆☆

富めるときも
貧しきときも
支払おう、著作権使用料

引き出物に
ボクたち二人が
大好きな曲を
集めて、
無許可で
CD−Rに
焼いたものを
お配りしています。

※絶対にマネしないでください。

【著作権法】

（複製権）
第21条　著作者は、その著作物を複製する権利を専有する。

（上演権及び演奏権）
第22条　著作者は、その著作物を、公衆に直接見せ又は聞かせることを目的として（以下「公に」という。）上演し、又は演奏する権利を専有する。

いつしか要求されるようになった著作権使用料

　大昔、まだ事務所や電車の中で煙草が吸えた時代には、結婚披露宴での音楽使用もさほどうるさくなかったようで、我々の親世代が余興で「てんとう虫のサンバ」を流したり歌ったりするのに使用料を払ったという話は聞いたことがありません。

　ところが近年は、**JASRAC（日本音楽著作権協会）が披露宴での音楽の使用に使用料を請求する**のが当たり前となっています。

　平成29年にはブライダルビデオの製作会社に対し、長年使用料を支払わずに楽曲使用を続けているとして、使用差止めと損害賠償を求める裁判を起こしたニュースが話題になりました。この事件は演奏権ではなく音楽著作物の複製権が問題となったケースでしたが、その後判決に至らず、一定の金員を支払う形で「円満に和解が成立」した模様です。

結婚式は音楽の「私的利用」の場ではない

　極めて私的な場で、新郎や新婦が参列者に「自分がお金を出して買ったCD」をかけて聞かせるのに（しかも多くの場合、1曲のうちほんの一部を各シーンで使うだけなのに）、さらにJASRACに使用料を払わないといけないというのは釈然としない、と感じる人もいるかもしれません。

　確かに披露宴は私的なイベントで不特定多数に向けられたものではありませんが、多くのゲストを招いて一緒に音楽を聴く以上、それは既に著作権法上の「私的利用」（30条1項）に当たると考えることはできず、使用には著作権者の許諾が必要ということになってしまいます。

　また、JASRACの側も良き日を迎える二人を祝福する趣旨で（かどうかは明記されていないのでわかりませんが）、ウェブサイト上から比較的手軽に楽曲利用申請ができるフォームを用意してくれています。これは、事業者（式場等）が申請する場合のほか、個人（新郎新婦）から直接申請する場合にも対応しています。

JASRAC様においくら払えばいいの?

　肝心の使用料ですが、例えばプロフィールや余興のビデオでの使用（複製）を個人で利用申請する場合、使用の仕方によって若干異なり、動画内の使用は2,000円、静止画・BGMでの使用は1,000円、静止画での使用でも歌詞の字幕表示を伴う場合は1,500円となります（令和6年4月1日以後）。

　なお、これらは**使用する1曲あたりの値段**ですから、動画内で3曲を使用する場合は6,000円の使用料支払いが必要です。また、生演奏ではなく市販音源を利用する場合には日本レコード協会の許諾を得ることも必要です。

　これらは個人利用（非商用利用）の場合のお値段であって、会場や音響・映像事業者が製作する場合（商用利用）はそれぞれ倍の金額になります。

　「CDを買うよりよっぽど高くつくじゃないか」と思うかもしれませんが、おそらく音楽著作権管理の業界も原油高や原材料費高騰の影響と無関係ではいられず著作権使用料も高額化を避けられないのです（事実、楽曲は年を追うごとに忘れられシーンでの注目度も低下していくのが一般的ですが、近年、年を追うごとにこうした使用料の額は増額の一途をたどっています）。

「バレないでしょ」は禁物

　JASRACは悪質な事案には民事上の差止めや賠償請求と併せて著作権侵害での告訴もしっかり行います。「式でこっそり使ってもバレないんじゃないか?」という安易な考えは危険です。もっとも、現在は無許可使用には式場の側からストップがかかるのが普通ですし、大手の式場はいまどきJASRACと包括的な利用許諾契約を結んでいることが多いので、使いたい曲を伝えると、利用申請や使用料支払いの手続も行ってくれるはずです。つまりお二人の前には著作権的にもきちんと明るい未来が開けているというわけです。

　おめでたい席だからこそ、こうした著作権周りのクリアランスはきちんととり、笑顔の絶えない素敵な家庭を築いていただきたいと思います。

まだまだ未熟なお二人に提案したい対抗手段

どうしても著作権使用料の支払いに納得できないという新郎新婦のお二人には、筆者から二つの解決策を提案したいと思います。

まず一つは、**新郎新婦だけがヘッドフォンでお気に入りの音楽を聴きつつ式を進めるという方法**です。主役二人は自分たちだけの没入感をもって気分をさらに盛り上げることができますし、買ったCDを二人だけで聴くのならギリギリ「私的利用」の範囲と考えることも可能ではないかと思われ、うっかり口ずさんだりしない限りJASRACもまあ大目に見てくれるのではないかと思います。ゲストが曲を聴けないという問題は残りますが、関心の大半は友人の結婚相手の素性と料理に注がれていることが多く、さほど支障があるとは思えません。

もう一つは、JASRACが管理する楽曲を使用せずに、**式の最初から最後まで自作の曲で通す**というものです。ここは新郎が新婦のために心を込めて作った自作のラブソングが穏当かつ適切です。これは考えうる限り、著作権侵害を完璧にクリアする最良の方策であり、JASRACも手が出せません。

弔事でも実は同じ

音楽使用による著作権使用料の話は葬儀の場でも問題となります。例えば、葬儀で故人が愛した曲を流すことは多いですが、葬儀を葬儀場で行う場合（身内だけの参列で行う「家族葬」も含みます）には、やはり楽曲の利用申請と使用料の支払いが必要です。結婚式では個人の利用申請ができましたが、葬儀では故人の利用申請は不可能ですから、この場合は葬儀場の事業者が申請することになります（こちらも大手事業者であればJASRACと包括利用許諾契約を結んでいることが多いので、式場に問い合わせてみるとよいでしょう）。

一方、自宅で執り行われる葬儀は非営利とされ、使用者（喪主）の使用料支払いは原則不要とされます（著作権法38条1項）。

とかく金銭感覚がおかしくなりがちな結婚準備のさなかでは、著作権使用料の額は実はそれほど大きな問題にはならないことが多い。

合法キラキラネーム、違法キラキラネーム

この子がいつまでも元気に長生きできるように

とにかく長い名前にしたんです。

「壽限無」
「三点│四二五九二六五三
五八九七九三三八四六
二六四三三八三……」
……あれ、なんだったかな。

寿限無かよ。

【命名権にまつわる事例】

子に「悪魔」と命名することは親の命名権の濫用として許されないとした審判。
（東京家裁八王子支部審判・平成6年1月31日・判タ844号75頁）

親から最初に贈られるもの

　子どもの名前は親からの最初の贈り物だといわれますが、何を贈るかはその時代時代によって少し違っているようです。

　昭和元年生まれに「昭一さん」が多いということを聞いたときはなるほどなと思ったものですが、平成の半ば以後、子どもの名前について当て字や漢字本来の由来・イメージにそぐわない読み方を与える名付けが多く見られるようになりました。キラキラネームなどという呼び方がされるようになり、小中学校では、担任の教師が生徒の名前と読みを覚えるのに苦労するという話もあります。

　それと同時に「○太郎」や「○子」といった以前はよく見られた名前について、当世風でないだとか古風だとか言いたがる風潮もあるようです。

　名前というものは、それぞれの人のアイデンティティに直結するものであり、軽々に他人が良いとか悪いとか言えるものではありませんが、中には与えられた名前が奇抜で受け入れられにくいものの場合、その人を生きづらくさせることがあるかもしれません。

　こうした親の子に対する名付けには何の縛りもないのでしょうか。

子の命名は誰に権利があるのか？

　名付けの問題を考えるとき、おそらく40代以上の人であれば皆思い浮かべる「悪魔ちゃん騒動」という事件があります。

　平成5年に長男の名前を「悪魔」として出生届を出した親の命名権行使の適法性等が話題となった事案でした（手続的な論点もありましたがそちらは割愛します）。戸籍法上は「悪」も「魔」も命名に使えない文字ではなかったのですが、役所の担当者が「悪魔」というような熟語としての意味、内容に立ち入って届出を受理しないことができるかが問題となりました。

　裁判所は、生まれた子の命名は比較的自由になされており、原則として届出を受けた役所の担当者もその内容にまで立ち入って実質的判断をすること

は許されないとしました。

その一方で、例外的に、**親権（命名権）の濫用になるような場合や社会通念上明らかに名として不適当と見られるとき、一般の常識から著しく逸脱しているとき、または、名の持つ本来の機能を著しく損なうような場合には、戸籍事務管掌者（市町村長など）は名前の受理を拒否することも許される**と述べています。

そして肝心の「悪魔」という名付けが命名権の濫用となるか否かについてですが、親はこの名前によって、「人に注目され刺激を受けることから、これをバネに向上が図られる、マイナスになるかもしれないがチャンスになるかもしれないではないか」と主張していました（祖父母は強く反対していたようです）。

裁判所は親のそうした思いに一定の理解を示しつつも、「悪魔」という名付けによる世間のプレッシャーを跳ね返すには並々ならぬ気力が必要であるところ子にそれが備わっている保証がなく、親の意図とは逆に名前がいじめの対象となり、子自身の社会不適応を引き起こすおそれが十分ありうるとし、結果として命名権の濫用であると指摘しました（なお、この審判書中では**「あくまでも受理を求めるときには」**というフレーズが出てきますが、文脈的に駄洒落ではなさそうです）。

「よほどひどい」ときだけ行政が命名に介入できる

この判断を見ても、「例外的に命名権の濫用となるのはどのような名前の場合か」は必ずしも明らかではありません。

裁判所は「珍奇な名」「卑猥な名」を挙げますが、では「魔悪（マーク）」「デビル」であったならどうだったか、親が次の子の候補として考えていたという「帝王」「爆弾」は濫用とならなかったのかという点は気になるところです。

名前が社会で持つ意味やその本人に与える影響、名の変更には家庭裁判所の許可が必要であることからすると、親である以上どのような名前でも自由につけられるというのは適切ではないように思います。

とはいえ役所が、届け出られた名前やその意味に立ち入ってああだこうだと

クレームをつけて受理を拒否するのが当たり前になってはいけないので、今の時代においても「命名権の濫用」だとして出生届の受理を拒否できるのはよほどひどい名前の場合に限られるでしょう。

そんな中、戸籍法の改正が

　命名権の濫用の問題と少し異なる話ではありますが、戸籍法の改正により、令和7年5月以後、**戸籍には氏名のふりがなも記載される運用に変更**となりました。

　既に戸籍がある人については、本籍地の市区町村長から「あなたはこのふりがなを記載しますよ」という通知がなされ、本人から特に届出がない場合はその通知されたふりがなが記載されることになります。

　そして、このふりがなは**「氏名として用いられる文字の読み方として一般に認められているものでなければならない」**というルールも定められました。例えば、漢字の持つ意味とは反対になる読み方（「高」を「ヒクシ」など）、読み違い・書き違いを疑わせる読み方（「太郎」を「ジロウ」など）、漢字の意味や読み方との関連性をおよそ又は全く認めることができない読み方（「太郎」を「ジョージ」「マイケル」など）はふりがなとして使えないことになります。

　これによって、今後は名前を見て読み方がわからないという名付けが減っていくことになるかもしれません。

人が親からもらった名前を揶揄するのはもってのほかである。

「亡くなったあの人との
子を産みたいのです。」

お母さん、どうして
あたしの
お父さんは
あたしが
生まれる一年も前に
しんじゃったの？

いままで
その話したこと
なかったね。
少し話そうか。

【死後懐胎子にまつわる事例】

男性の凍結精子を用いてその男性の死亡後に行われた人工生殖により女性が懐胎し出産
した子と当該男性との間に、法律上の親子関係は認められないとした。
（最二小判平成18年9月4日・民集60巻7号2563頁）

もし死んだ夫との子を産めるとしたら?

　かつて死後懐胎子事件と呼ばれた事件がありました。

　これは、夫の死後、冷凍保存されていた夫の凍結精子を用いて、残された妻が体外受精で子どもを出産したところ、その生まれた子が法律上も亡夫の子として認められるかが問題となったという事案でした。

　生まれた子を亡夫の子として提出した出生届が認められなかったので、妻が亡夫を父親とする死後認知の訴えを起こし、これが最高裁まで争われました。

妻の思いを阻む「同時存在の原則」とは

　ここで議論の対象となったのは、夫の死後に懐胎(妊娠)した子、つまり死後懐胎子の地位を法的にどう考えるかという問題です。

　我が国の民法は、相続人となる資格として**「被相続人の死亡時点で相続人が存在していること」**を要求しており、これは**「同時存在の原則」**と呼ばれています(被相続人の死亡と「同時」に権利能力が「存在」しているというのですが、いかにも法律家が好みそうな実にわかりにくいネーミングです)。

　「相続人の存在」は、まだ生まれていない胎児の状態でもよいとされているのですが、この死後懐胎子問題ではそもそも夫の死亡時、子は胎児ですらない(受精もしていない)ので、そもそもこの「同時存在の原則」を満たしていないわけです。

　ですから、今までの民法のルールからすると親子関係が認められるわけがないのですが、ここで、この死後懐胎子の問題を複雑にしているのは、「生まれた子は、生物学的には明らかに夫の血を引いている」という点です。

　正に生殖補助医療の発達によって生じた問題であり、今の民法の前身である明治民法(旧民法)の相続法が作られた明治31(1898)年の頃にはおよそ考えられなかったことです。

裁判所の判断は?

この死後懐胎子事件では、控訴審だけが妻の主張を認めたものの、第一審と上告審はこれを認めませんでした。

その理由として、最高裁判所は、

- 母親が子を妊娠した時点で既に夫が死亡しているため、生まれた子の親権者となる余地がなく、子もそのような亡夫から養育を受けることもないこと
- そのため死後懐胎子は亡夫の相続人になり得ないこと

を理由としています。こう書くと「妊娠後、子が生まれるまでに父親が死亡したケース」も同じじゃないかと思えますが、妻の妊娠時点で夫が子の親権者となる可能性があるかないかという点では両者は大きく区別されるというわけです。つまり、最高裁判所は「同時存在の原則」に従って判断したともいえます。

重大事件では意見が割れることの多い最高裁判所にあって、この事件では小法廷の**5人の裁判官が全員一致で子の認知請求を認めなかった**という点も注目されました。

それぞれの視点から考えてみると

この死後懐胎子事件は、**どの立場に立つかで見える景色が全く変わり**、どの意見も正しいように見えてしまうという、**法律問題特有の難しさ**がとりわけ強く表れた事案です。

妻は、愛する亡夫との子を産むことができると考えると、凍結精子を使った体外受精を思いとどまることは難しかったかもしれません。

生殖補助医療では夫の死後の凍結精子を用いた体外受精は認められておらず、ドナーの死亡後、廃棄するルールがとられているのですが、この事件でも妻は医師に夫の死亡を隠して体外受精を受けています。

　生まれた子にとっては、母親が自分を妊娠したときに父親が生きていたかどうかという、全く自分ではどうにもしようがない事情で、父親がいたりいなくなったりするというのはいかにも気の毒です。既に亡くなっているとはいえ、戸籍上に父親が表示されているかどうかは自分のアイデンティティを形成し、社会生活をしていく上で決して小さくない問題です。

社会一般の視点ではどうか?

　とはいえ、社会一般の視点に立って考えたとき、ドナーの死亡後にその凍結精子を使った人工生殖によって何年経過しても法律上の子が現れうるという状況は、家族関係の形成や相続に大きな影響を及ぼすことになります。

　これでは、妻や子の利益を最優先して手放しで認めるというわけにもいきません。

　例えば、大富豪の凍結精子を手に入れた女性が、体外受精で子を出産し、あとから相続権を主張できるとなればどうでしょうか。それを生業とするよからぬ者が出てくることは容易に想像できます。

　結果として、最高裁判所は死後懐胎子と亡夫との親子関係を認めないとの結論をとり、その判断は18年経った現在も変更されていません。

最高裁も将来の法整備で異なる結論となる余地を否定していないが、現在まで特に議論が進んでいる様子はなさそうである。

不謹慎度
★★☆

緊張の緩和度
★★★

お坊さんの説教に
茶々を入れたら
罰金10万円

【刑法】

（礼拝所不敬及び説教等妨害）
第188条　1項　神祠、仏堂、墓所その他の礼拝所に対し、公然と不敬な行為をした者は、六月以下の懲役若しくは禁錮又は十万円以下の罰金に処する。
2項　説教、礼拝又は葬式を妨害した者は、一年以下の懲役若しくは禁錮又は十万円以下の罰金に処する。

お説教、ちゃんと聞いていますか?

法事で和尚さんのお説教を聞くとき、きちんと真摯な気持ちで向き合って聞いていますか。

あまり知られていない罪名ですが、**説教等妨害罪**（刑法188条2項）という犯罪があり、説教や礼拝、葬式を妨害した者に1年以下の懲役若しくは禁錮、又は10万円以下の罰金を科しています。

「説教」は、宗教家が行うような宗旨・教義の解説という非常に限られた場面をいいますから、**あなたが日々、職場の上司や配偶者から向けられる加圧的コミュニケーションは含まれません。**「妨害」ですが、これは具体的な手段や方法を問わず、およそ説教等に支障を生じさせる行為であれば該当してしまいます。例えば滔々と語る和尚様の有り難いお話にツッコミや横やりを入れるのはまさしく「妨害」です。

この罪では、説教だけでなく礼拝や葬式も妨害罪成立の対象とされていますが、いずれも実際に説教や礼拝、葬式が停滞したり中止されたりすることまでは求められていません。ここで法が守ろうとしているのは、主宰者（和尚様など）の宗教活動の自由だけでなく、例えば参列者が説教や礼拝を通じ、平穏な気持ちで故人を偲び信仰する神仏に思いを馳せる利益も含まれるとみることができます。

ピンと張り詰めた法事の空気の中のふとした緩和に面白みを感じてしまうのは人の背負った業のようなものですが、こと葬儀や法要の際には一線を踏み越えないよう注意が必要です。

なお、威力や偽計でこれらの営みを妨害した場合には、より重い業務妨害の罪（3年以下の懲役又は50万円以下の罰金、刑法233条、同法234条）に問われることになります。例えば、説教中の和尚様の頭を掌で勢いよく叩いたり、木魚をこっそり隠したりして妨害するとこれに当たるおそれがあります。

> 筆者は、読経で木魚が裏打ちを始めるとメタルのドラムを思い出して笑いが抑えられなくなる。

婚約破棄したら
結納は倍返し?

さらに甲に対し
同結納金と同額の
支払を行うものとする。

結納金を
返還するものとし、

乙がこの婚約を
解除した場合、
乙は甲に対し
第三条記載の

倍返しはエグいわね。

【結納の法的性質について考え方が示された事例】

結納は、婚約の成立を確証し、あわせて、婚姻が成立した場合に当事者ないし当事者両家間の情誼を厚くする目的で授受される一種の贈与である(以下略)とした。
(最二小判昭和39年9月4日・民集18巻7号1394頁)

やっぱり、返してくれる?

　我が国古来の習俗として、婚姻の際に取り交わされる結納<ruby>ゆいのう</ruby>があります。最近はあまり聞かれなくなったものの、この婚姻という男女間の契りの場面で取り交わされる資産や物品は、法律的な視点で見た場合、どういった意味合いを持つのでしょうか。平たく言うと、結納が取り交わされた男女関係が諸般の事情により抜き差しならなくなった場合、返してもらうことができるのかという法的問題です。

婚姻不成立なら「不当利得」成立なら「贈与」

　この点、大正時代の判例には、結納を行った後に**婚姻が不成立となったときは、結納で渡した物品・資産は不当利得になる**としたものがあります。一時は将来を誓い合ったものの結果として縁がなかった男女の間で、結納について、不当利得だとして返還請求する事案は、特に昭和中期頃までは少なくなかったようです。一方、そのような流れの中で最高裁判所は昭和39年、結納について婚約の成立を確かめ、また婚姻が成立した場合に当事者や両家の情誼<ruby>じょうぎ</ruby>を厚くする目的で授受される**「一種の贈与」**であると指摘しています。そのため、ひとたび婚姻が成立して結納授受の目的が達成されたあとは、もはや不当利得とはいえず、返還請求はできないということになります。ここでは、結納の「婚姻成立後、当事者や両家間の情誼を厚くする」という部分は**結果として達成されなかった**ことになりますが、あくまでも努力目標というように捉えるのが適切なのかもしれません。

結納≒手付金

　さて、「結納＝一種の贈与であり**婚姻不成立なら不当利得**」という図式が見えてきたわけですが、日本古来の習俗的行事であり、その具体的ありようは実に様々であることが知られています。現代社会では、結納と言えば男性

側から女性側に渡されるものという意識が強いように感じますが、歴史的に見ると、女性側から男性側へ渡される例も少なくなかったようです。また、婚約を解消する場合、それが贈った側であれば結納の返還を求めることはできず、また、贈られた側であれば倍返しをするという「慣習」が指摘されることもあり、商取引の手付金の趣も感じることができます。

ビジネスに携わる読者の方であればなじみ深いところでしょう。手付という場合、一般的には、買う方が売る方に契約額の一定割合を手付金として預け入れることで契約の成立を証します。その後、買う方は預けた手付を放棄することで、また売る方は預けられた手付の倍額を返すことで（手付倍返し）、一定の間は契約の解消を行えるというものです。我々も不動産や車を買うときに経験することがありますが、あれを単なる内金（代金の一部前払い）と考えているとえらい目に遭うので注意です。

お茶や扇子を贈る？　各地の結納あれこれ

民法には具体的な定めがないのですが、結納は古来より日本の文化として長く親しまれてきました。もっとも、授受される資産は特に地域性を色濃く反映しているとされ、例えば京都では男性が男性用の扇子を女性に渡し、女性が女性用の扇子を男性に渡すという形がポピュラーであったとされています（太田武男『結納の研究』［一粒社、1985 年］）。

また、明治初期に民法編纂のために作成された『全国民事慣例類集』をはじめ、全国の民事慣行をまとめた書物・書籍などでは、以下のような結納や婚姻に関する興味深い習慣の例や当時の価値観が記載されています。

■夫家より妻家へ扇子箱を送り、村の役職者にて草履を添えて妻の家へ渡し、新婦が入嫁のときにそれを用いる（大和国添上郡）
　→箱を開けて扇子がないのをセンスがないと感じなかったのであろうか。
■婚姻送籍の前にいったん「足入れ」と称して新婦を夫家に引き取り、「家内和熟」を見計らって夫となる者が妻家のある役場に婚姻の届出を行っ

て、初めて結納を贈る（三河国額田郡）

→「家内和熟」といいつつ、妻側のリスク回避が念頭に置かれていない。

■結納の品は夫の家より贈る半額を妻の家から答礼として送る（遠江国佐野郡）

→相殺してあらかじめ夫家が妻家に半額を送る形にしてはどうか。

■婚約したら片方から茶一袋を送ってその証拠とする（磐城国白河郡）

→「お茶を濁す」「縁談が茶々になる」として関西では茶は婚儀の場で忌み嫌われていたが、その他の地域では茶の「根が張って長持ちする」「植え替えがきかない」という形で縁起物として重用されたようだ。

■夫家から妻家へその貧富に従い結納の品ないし多少の金員を贈って嫁入りの準備をさせる。もし離縁するときは結納を返すことになるが、夫家の無理筋の離縁のときは返してもらえない（豊前国企救郡）

→まさに手付放棄の趣であるが、よく言われる妻家側の「結納倍返し」の慣行は実際にはあまり見られなかったようである。

■「近来娘達が農家に嫁ぐを厭い、町家、俸給生活者を望み、或いは長男より気楽な分家に行きたい傾向にある」（北海道野幌地区・昭和22年）

→今も昔も婿選びの事情はそう大きくは変わらない。

■結納に際し、京都は男が男物の扇子を、女が女物の扇子をそれぞれ相手に贈る。一方、大阪では男が女物の、女が男物の扇子を相手に贈る。

→「大阪では自分のお古は渡さはらへんやなんて、えらい気遣いのできる方ばかりどすなぁ」

■「婚礼は凡て媒酌結婚にて彼の情慾の冷熱に由りて離合ただならざる自由結婚は腐合の夫婦として蔑視せられたり」（京都府与謝郡・大正12年）「婚姻には見合と恋愛があるが、一般に見合結婚が主で、恋愛結婚はさげすまれた。」（徳島県郡里町・昭和32年）

→恋愛結婚が蔑まれた時代があった。

「結納」で書籍や論稿を検索すると租税やM&A関連のものが多数ヒットするが、ほとんどが連結納税に関するものである。

不貞はお咎めなし
なのに、
重婚は懲役刑？

【刑法】

（重婚）
第184条　配偶者のある者が重ねて婚姻をしたときは、二年以下の懲役に処する。その相手方となって婚姻をした者も、同様とする。

【重婚罪が成立するのはいかなる場合かが判断された事例】
（名古屋高判昭和36年11月8日・高等裁判所判例集（WEB））

国民の多くに親しまれる(?)「重婚」の普遍的イメージ

　「重婚」と聞くと、たいていの人は「Aさんが、Bさんという妻（夫）がいながら、別のCさんとも結婚しちゃうことでしょう？」と頭に描くはずです。

　では、そうした出来事を、実際にあなたの身の回りで見聞きしたことはありますか。きっと「知り合いの、そのまた知り合いの話」という噂レベルですら、聞いたことはないはずです。

　テレビで取り上げられることもなく、犯罪白書ですらこの罪に警鐘を鳴らすということはありません。ところが、刑法はいまだに「重婚の罪」を置いています。

　では、AさんがBさんと結婚しながら、同時にCさんとも結婚するなどということは、本当に現代社会で起こりうるのでしょうか。**一度や二度、婚姻届を出したことがあれば**、戸籍関係の届出の受理がそれなりに厳格な形で行われていることはわかります。

　「重婚なんて、当事者が考え無しで、役所の戸籍の担当者がうっかり既婚者を見過ごして婚姻届を受理したときにだけ起こるのでしょう？」と思うのも無理はありません。ですが、過去のケースを見ると必ずしもそうはいえないのです。

重婚になるのはどんなとき?

　重婚の罪に問われた過去の事例の多くは、最初の婚姻が何らかの事情で違法に解消されたあとに、重婚となる婚姻が行われたケースです。

　夫が、不貞相手と婚姻するために、妻に内緒で虚偽の離婚届を出し、その後に不貞相手との婚姻届を提出するといったパターンが典型例です。役所の人は届出の様式が整っている限り特に離婚届も婚姻届も疑うことはないでしょうし、このくらいのハードルであれば、**浮気で正常な判断能力と規範意識を失っている既婚者**であれば難なくクリアできそうです。

　我々は、重婚と聞くと、その正常な価値観と乏しい想像力から、すぐに「戸籍上の婚姻関係が重複している」イメージで捉えてしまいがちですが、さすが

にそのようなケースは今も昔もそうそう生じるものではありません。そして、「必ずしも戸籍上、婚姻関係が重複していなくても重婚罪は成立しうる」という点は、心に留めておきたい重要な知識です。

いわゆる「重婚的内縁関係」であっても刑法には触れないのですが、**前婚の解消の仕方が違法で「法的に離婚が成立していない」とされる場合にも重婚罪が成立しうる**ということです。これは「とにかく婚姻関係さえ解消しておけば、よもや重婚にはならんだろう」と、都合良く考えがちな既婚者にとって、まさに青天の霹靂です。

もし、あなたの周りに不貞の熱に浮かされている人がいるなら、そっと耳打ちしてあげることです。きっと、感謝してくれることでしょう。

「重婚罪」の規定は現在でも必要?

重婚罪の認知件数は、年間10件に満たない程度と、かなり少ないといえます。ところが、重婚罪の法定刑は「2年以下の懲役」とあり、罰金刑もなく決して軽い罪ではありません。重婚罪は既遂のみが罰せられる罪ですが、法定刑でいうと、殺人予備や強盗予備と同じです。

こうした重婚罪は、現代社会においてもはたして必要なのでしょうか。

インターネットやテレビで日々取り上げられるトピックには、有名人や政治家の不倫の話題が尽きません。「自分には全く関係ないからといって他人の私生活上の不道徳を見て見ぬ振りなどできない」という強い正義感を持っている人は我が国には多いので、そうした話題が世の中を騒がせることが多くなります。

ところが、現代の日本では、不倫それ自体が罪に問われることはありません。

「配偶者を裏切って、他の人と情を通じる」という点ではさして変わらないのに、なぜ重婚は処罰され、不貞は（民事上の損害賠償請求を受けることはあっても）刑罰を科せられないのかという話は、素朴な正義感に照らせばもう少し注目されてよさそうなものです。

結局のところ、「**重婚罪が守ろうとしているのは法律婚としての一夫一婦制を維持することにあり、そこを踏み越えた場合だけ処罰されるのだ**」と言われ

ると、なるほどそれは必要かもしれないと納得する物わかりの良さも我々は持っているように感じます。法律婚を歓迎・選択するかしないかという考え方の違いはありつつも、現代の日本の人々は法律上の婚姻が重複するところまでは許容できないという価値観を共有できているということだろうと思います。

　一方、海外の一夫多妻の法制度をとっている国について、日本人の多くは「国や宗教文化、法律が違う」ということでなんとなく納得している雰囲気があります。

　とはいえ、日本にはかつて不貞が刑法による処罰の対象とされていた時代があり、それが社会や価値観の変遷によって廃止されたという経緯があります。現代では、道徳観だけでなく、法律婚の在り方についても盛んに議論が交わされる状況にあり、近い将来、重婚の罪が消えていくこともあるのかもしれません。

「重婚」に語感の近いジュゴンは雄・雌とも一頭以上の異性と交尾し、繁殖期には一頭の雌に複数の雄が集まるという生態がある。

家事労働の
値段はいくら?

【2022年度（令和4年度）「無償労働等の貨幣評価」に関する検討作業報告書】
（内閣府経済社会総合研究所　令和5年7月）

（はじめに）本検討作業は、2022年（令和4年）に公表された最新の「令和3年社会生活基本調査結果」（総務省）等を用いた家事活動等やボランティア活動の貨幣評価の推計作業を行い、過去の推計作業結果との比較も踏まえ、推計結果の整理・分析を行うことを目的としている。

（以下略）

しばしば持ち上がる家事労働価格論争

いっときSNS上で、「**専業主婦の家事労働を年収に換算するとその価格は年額1,300万円である**」というポストが話題になりました。時給1,500円とし24時間、365日を乗じると1,314万円になるというシンプルな計算結果をもとにしたものでしたが、そこでは金銭的評価の適否とは別に、**家事労働に所定の労働時間といった限定がないこと、金銭での評価がなされないためにその負担が意識されづらい**ことを問題提起する意識があったように思います。

法律問題で家事労働が評価される場面

では実際に家事労働を金銭に換算することは可能なのでしょうか。また、可能であるとしてその金額は果たしていくらになるのでしょうか。普段の生活の中では金銭的に評価する場面はありませんが、法律の世界ではしばしばその価額や算定方法が問題になります。

例えば、交通事故で家事従事者が被害者となった場合に、その家事労働ができなくなったことによる損害（休業損害や逸失利益）をどのように評価するのかという場面があります。

本来、「専業主婦の労働」という条件設定自体が今の社会の意識・価値観にそぐわないのかもしれませんが、現在も現実に家事労働の大部分を女性が担っているという状況があることから、ここでは専業・兼業主婦として考えてみます。専業主婦の場合、家事労働の金銭評価は厚生労働省が毎年発表している賃金センサス（いわゆる女性の全学歴・全年齢を考慮した平均賃金）に従って換算する扱いがとられています。例えば、令和4年の金額は年額で3,943,500円です（産業計・企業規模計・学歴計・全年齢平均額）。そして、兼業主婦の場合は、家庭外で得ている賃金額と賃金センサス額を比べて高い方をとるという扱いがとられています。ただし、これはあくまでも休業損害や逸失利益などを算定する際の一つの手法に過ぎず、特に兼業主婦の場合に「高い方をとる」というその内容から、具体的な家事労働について厳密・正確な

金銭的評価を試みるものとはいえません（この方法では、家族の人数や年齢・生活状況等といった家事労働の負担の程度に影響する要素も切り捨てられます）。画一的・迅速に損害算定を行うという損害賠償実務における**大人の事情からくるフィクションの評価方法**でしかないのです。

国が発表している数値があるが……

実は、家事労働の金銭的評価については、これまで国が何度か調査を行って具体的な金額を発表しています。無償で市場を介さずに行われる家事労働は国内総生産（GDP）の計算上は算入・反映されていません。もっとも、家事労働によってどのような価値が生み出されているかを知ることは国民経済において重要であるため、その貨幣評価額を推計し、市場経済活動と比較可能な形にして、GDPと比較しようという試みが欧米諸国を中心に行われてきました。そして我が国でも1997年以後断続的に調査が行われ、2023年7月に内閣府が「無償労働の貨幣評価」として6回目の報告を行っています。

ざっくり言うと、「一人あたりの年間無償労働時間×時間あたり賃金×人口」という計算式で国民全体の無償労働の貨幣評価額を算出するのですが、その結果、143.6兆円という数値が算出されました。これは、家事従事者が家事ではなく**市場に労働を提供していたとしたら得られたであろう賃金額**をもとにした算出結果です。

この報告では、調査対象の家事労働をいくつかのカテゴリに分けていますが、負担の重い順に並べると、炊事（48.1兆円）、買物（28.7兆円）、掃除（18.4兆円）、育児（15.8兆円）、家庭雑事（13.5兆円）、洗濯（12.6兆円）、介護・看護（3.4兆円）、縫物（3.1兆円）となっており、炊事、買物の上位2項目で約55％を占めています。

なお、ここでの家事従事者には、男女、婚姻している者・独身者が含まれているのですが、全体の143.6兆円のうち女性だけの評価額は111.3兆円（全体の77.5％）であり、男性の32.3兆円（22.5％）を大きく上回っています。男

女で、基礎とする時間あたり賃金（これも平均賃金が用いられています）は異なりますが、一人あたりの年額（と年間活動時間）は、男性で604,000円（325時間）、女性で1,943,000円（1,289時間）となりました。

　2011年、2016年のデータと比べると、国民全体の家事労働の貨幣評価額は増加している一方、女性の占める割合が低下してきています。つまり、**緩やかながら男性の家事参加の割合が高まってきている**ということですが、依然として女性の方が家事労働に従事する割合が大きいことが目を引きます。

　さらに、一人あたりの年額（年間の従事時間）を見ると、女性について、有業・有配偶（既婚・兼業）が2,418,000円（1,523時間）、無業・有配偶（既婚・専業）が2,989,000円（2,031時間）、有配偶以外（独身者）が994,000円（692時間）となっています。

　一方、男性では、有業・有配偶（既婚・兼業）が648,000円（323時間）、無業・有配偶（既婚・専業）が847,000円（522時間）、有配偶以外（独身者）が451,000円（248時間）となっています。

　ただし、この内閣府の2023年の報告をもとに、**婚姻している女性の家事労働の平均的な金銭的評価が年額250万〜300万円程度だと見積もるのはいささか早計**というものです。これも基礎とする賃金額自体にもともと男女の賃金格差が反映されているため、本当の意味で適正・公平な数値といえるかは大いに疑問が残ります。結局のところ、**今の社会にある男女の格差の構図をそのまま家事労働にもってきただけ**のようにも感じられるのです。また、男性も女性も個々人の稼働能力の差は平均賃金という形でバッサリ切り捨てられています。このような計算結果は、家事労働全体が一国のGDPに及ぼす影響を推計する点では参考になりますが、日々、自分や家族のため、社会のために仕事や家事労働に精一杯になっている一人ひとりの努力や苦労・負担を正しく評価する上ではほとんど何の役に立ちません。

結婚により女性の家事負担が大きく増える

　先の内閣府の調査結果によると、男女ともに単身者の家事従事時間を1とした場合、婚姻している男性の従事時間は単身者の1.3 〜 2.1倍となるのに対し、婚姻している女性の場合は単身者の2.2 〜 2.93倍となることが分かります。そもそも家庭内で女性の方が多く家事を負担していることから、婚姻による従事時間の増加も女性の方が大きくなるのですが、いわゆる共働きとなったときにも、男性の1.3倍に比べて女性が2.2倍になるというのは大きな差です。同じ単身者であっても、男性が家事労働に費やす時間は女性単身者のわずか35％程度だという点も併せて考えると、この違いはかなり大きいと感じます。

　その家事労働負担の割合の低さに見合うだけの稼働収入を男性が得られているかというところは、筆者自身、家庭にある男性の一人として、心穏やかではいられなくなります。家事・稼働の負担の分担だけが結婚を決める要素ではないにせよ、ここに本来埋められるべき男女の負担の不均衡があるのではないかという点は、家事労働の金銭的評価といったセンセーショナルな一過性の話題よりもずっと深刻で重要な問題です。

　そもそも、家庭内の家事負担を金銭に換算するという議論は、無償労働の可視化という問題提起の手段に過ぎません。「そうか、妻の家事負担は1500万円どころか300万円程度なのか」などと捉えるのは議論の本質を大きく見誤らせることになります。

　男女ともにいえることですが、家庭や人生に対する相手の貢献や犠牲を正しく評価せず、「わかりやすい数字」をもとに過小に評価し合っても、相互無理解を広げるだけです。**大切なことは、家庭それぞれの実情に応じた家事育児の分担に前向きに取り組むことではないかと思うのです。**

こっちも参考になる！

家事使用人の「労働者性」

　令和6年9月19日、東京高等裁判所で、家事労働に関わる一つの

判決がありました。介護福祉士の有資格者（Aさん）が、訪問介護・家政婦紹介の事業者Y社の仲介によって、認知症の寝たきり高齢者（Bさん）の家で家事・介護に当たっていたところ、平成27年春に1週間の泊まり込み勤務のあとで急性心筋梗塞で亡くなったという事案です。遺族は雇用主Y社による過労状態で生じた過労死であるとして労働基準監督署に労災保険の適用を申請しましたが、これは認められませんでした。AさんがY社と「介護」についてのみ雇用契約を締結し、「家事」はBさんと直接契約を締結していたこと、介護の労働時間だけだと過労とはいえないことがその理由でした。Aさん家事労働の時間がなぜ過労の判断で考慮されなかったのかですが、それは「家事使用人」には労働基準法が適用されないからです（同法116条2項）。そしてこの適用除外を利用し、**家事についてはスタッフとの雇用契約を避け、労働基準法のルールを潜脱しようとする脱法スキームが少なくない**ようです。他人に依頼されて家事に従事する「家事使用人」になぜ労働基準法が適用されないのか、釈然としない方も多いでしょう。これは、家庭内で働く家事使用人には労基法の行政監督を及ぼすのが難しいという後ろ向きな理由によるものですが、その合理性には批判の声も強く、これまでにもベビーシッターや住み込みのヘルパーなどについて「家事使用人」には当たらないとしてその保護を図ってきた事例があります。AさんのケースでもY社から給与が支払われていたことや家事と介護の峻別ができないことなどの業務実態から、家事についてもAさんとY社に労働契約があったと認定し、過労による労災事故であると判断したのです。そして「家事使用人」につき労基法を適用除外とする定めについては、現在、厚生労働省の研究会でも改正に向けた検討が進んでいるようです。

　以上の判例は、家事労働の金額換算とは直接関連しませんが、その実態の把握のしにくさや評価の難しさを示唆する事例として重要です。

（東京高判令和6年9月19日・判例集未搭載）

専業主婦の家事労働の評価額を「夫の収入÷2」とする見解もあるが、男女のいずれからもさほど賛同は得られていないように感じる。

08

戸籍と住民票。
似たもの同士、
その正体は?

これ
いっそのこと
統合しちまえば
いいんじゃないか?

住民票と
戸籍って、
これ別々に
しとく意味
あるのか?

【戸籍法】

第6条　戸籍は、市町村の区域内に本籍を定める一の夫婦及びこれと氏を同じくする子ごとに、これを編製する。（以下略）

【住民基本台帳法】

（住民票の記載事項）
第7条　住民票には、次に掲げる事項について記載（前条第三項の規定により磁気ディスクをもって調製する住民票にあっては、記録。以下同じ。）をする。（以下略）

戸籍と住民票への曖昧な理解

　社会に出ると、戸籍と住民票という「なんとなく似たような制度」があること
に気づきますが、普段の生活では両制度の関係を深く意識することはありません。多くの人は「結婚や離婚のときは戸籍の届出、引越のときは住民票の転出転入届」といった程度の認識ではないでしょうか。実際、それで足りることがほとんどです。もっとも「同じような制度だったら統合できないのか」というのは一市民としては至極真っ当な発想です。これはなぜ実現していないのでしょうか。

そもそも、戸籍とは?　住民票とは?

　戸籍簿は戸籍法に基づいて本籍の各市町村で作成され、夫婦や同じ名字の子がまとめて記載されています。それぞれの**本籍**、氏名、生年月日、戸籍に入った原因・年月日、**実父母の氏名・続柄、養子縁組・婚姻の事実**などの身分関係の情報が記載されています。一方、住民票も各市町村で役所が管理していますが、住民基本台帳法に基づいて世帯ごとに編成され、各世帯に属する者の氏名、生年月日、男女の別、**住所や住定日・前住所**、戸籍（本籍）などの住所に関する事項が記載されています。

　要するに、戸籍は血縁関係や身分（婚姻や死亡などの情報）を表すもの、住民票は住所や世帯などの居住関係を表すものなのです。

なんで統合できないの?

　両者は管理簿として似て非なるものですが、それでも「身分関係も住所も一つの証明書で確認できた方が便利で効率的だ」と思う人はいるかもしれません。実際、一部の情報は共通（重複）しているのですから、これらを統合することは理論的には不可能ではなさそうです。

　ところが、戸籍簿と住民基本台帳とでは、情報の書換の頻度が異なります

し、取り扱う情報は（どちらも個人情報であるとはいえ）センシティブさや情報管理の上で求められる厳格さにも差があります。多くの人にとって住所や本籍よりも、家族関係や結婚・離婚・養子縁組歴の方が、より高度なプライバシー情報です。また、どちらも既に電子化が進んでおり、技術的には証明書等の取得もしやすくなっていますが、両方のシステムの統合には法的・技術的に多大なコストがかかります。

とはいうものの、市町村長は自らの自治体の区域内に本籍を有する者について、その住所の遍歴を記した「戸籍の附票」を作成することが義務付けられています。戸籍の移動がない限りという制限付きですが、戸籍の附票で、そこに記載されている全員の住所の移動を調べることができるようにもなっています。

こうした自治体の管理する情報の一元化や統合的な運用、これによる利便性の向上は常に何かしらの形で検討・試行されており、マイナンバーカードの普及や戸籍関係書類の広域交付の手続もその流れの中にあります。もっとも、完全な統合に至るには多くの課題があり、また実益があるかという検討も十分になされる必要があります。

「住民票の写し」のじれったさ

「住民票」は役所が編製・管理している住民基本台帳を構成する情報そのものであり、磁気ディスクに収められた情報（磁気データ）が多くなっています。一方、**我々が社会でしばしば目にする「住民票」だと思っている役所発行の紙っぺらは、正しくは「住民票の写し」**といい、これは磁気ディスクに収められた住民票の情報を記載した書面という位置づけになります。各種の届出の添付書類目録をつぶさに見ると、「住民票」ではなく「住民票の写し」と記載されていることに気づくでしょう。そもそも磁気データである「住民票」そのものを取得して提出するなどということは不可能です。ところが、我々が「住民票の写しを取ってきてください」と言うと、相手は高確率で「住民票の写しのコピー」を持参してくれます。そもそも、原本なのに「○○の写し」と名が付くの

がわかりにくさの原因ですが、かといって「住民票の写しの原本を持ってきてください」と頼んでも、コピーの原本を渡されるのが関の山です。

　結果として、我々は不毛だと感じつつも「住民票を1通取ってきてください」という本来不正確な言い回しを使うほかないのです。

住民票と戸籍簿に関する裏ワザ(?)

　配偶者からの暴力やストーカー行為、児童虐待等の被害者は、市役所にDV等支援措置の申出を行い、その支援の必要性が認められれば、加害者からの住民票の請求を制限する措置をとることができます。また、戸籍にも不受理申出制度があります（戸籍法27条の2③・④）。これは本人が自分の本籍地の役所にあらかじめ申し出ておくことで、本人出頭による届出の場合以外、認知・養子縁組・離縁・婚姻・離婚の届出を受理しないようにしてもらえる制度です。これは例えば、ストーカーから勝手に婚姻届を出されたり、配偶者から勝手に離婚届を出されたりというように、「知らないうちに婚姻届や離婚届を提出されること」を防ぐことができます。

　以上のほか、自治体によっては、あらかじめ登録しておくことで、他者に自分の住民票や戸籍事項証明書、戸籍の附票等が取得された場合に郵便で本人に通知する制度（事前登録型本人通知制度）を置いているところもあり、他者に住所や出身地、家族関係等を調べられてしまった場合、その事実を察知することができます。

戸籍の本籍は日本国内であれば本人の出身地や住所と無関係でもよい。このためか「東京都千代田区千代田1番」という本籍が多いそう。

小さな怪獣25人、
一人で相手に
できますか?

【児童福祉施設の設備及び運営に関する基準】

（職員）

第33条2項　保育士の数は、乳児おおむね三人につき一人以上、満一歳以上満三歳に満たない幼児おおむね六人につき一人以上、満三歳以上満四歳に満たない幼児おおむね十五人につき一人以上、満四歳以上の幼児おおむね二十五人につき一人以上とする。ただし、保育所一につき二人を下ることはできない。

※令和6年3月13日公布の内閣府令（令和6年内閣府令第18号）により3・4歳児配置について20対1から15対1に、4・5歳児配置について30対1から25対1に改定され、令和6年4月1日から施行されました。

孤立無援の保育士さん

　日本の保育園では、児童の年齢に応じて保育士さんの配置数の基準が定められています。

① **保育士1名につき、0歳児3人**

　まず満1歳に満たない「乳児」の場合、保育士さんはおおむね3人について1人を配置するとされています。「おおむね3：1」です。乳児期は通常、移動能力が高くない反面、一人ひとりの成長スピードが異なり、食事や睡眠、排泄のリズムもまちまちですから、接する保育士は常に緊張感を持ち、異なるニーズに対応しなければなりません。一見、3人という数は少なく感じられますが、実際には非常に高い専門性と集中力が要求されるのです。

② **保育士1名につき、1～2歳児6人**

　次に幼児です。これは児童福祉法上、「満1歳から小学校就学まで」をいいますが、ここでも年齢によって保育士さんの配置数が細分化されています。

　満1歳以上満3歳未満の幼児では「おおむね6対1」です。幼児は集団生活を通じた社会性の芽生えや、言葉の習得などが進み、これに接する保育士さんの役割もさらに複雑化します。筆者もそうでしたが、幼児期の子どもは、自我が目覚め始め、様々な行動を試みるようになります。筆者が止まったタクシーから我先にと降りようとして2m下の水路に落ち、額に一生残る縫い傷を作ったのもこの頃でした。そうした血気盛んな6人の子どもたちを見守りながら、個々の発達を支援し、安全を確保することは、専門教育を受けた保育士さんであっても容易なことではありません。

③ **保育士1人につき、3歳児20人（!）　4歳児は30人（!）**

【令和6年内閣府令第18号による改定前】

　満3歳以上4歳未満となると途端に担当数が増えて「おおむね20対1以上」にいきなり跳ね上がり、そのまましばらく様子を見るのかと思いきや、満4

歳を超えるとなんと「おおむね30対1以上」にさらに急増します。わずか2年で5倍です。

　確かに、この年齢の子どもたちは、3歳未満に比べさらに自立心が強まり、集団活動に積極的に参加するようになります。事実、筆者がパチンコ玉を自発的に鼻に詰めたり、飲食店の玉すだれにぶら下がって地下街の通路に大量にまき散らしたりしたのもちょうどこの時期でした（この時期は荒れていました）。とはいえ、社会人4年目とはわけが違います。幼児は成長しても保育士さんの手を離れるのではなく、異なった形でのより深いケアが必要とするようになるに過ぎません。

　この頃の幼児に接するようになった保育士さんは、一人ひとりの個性や興味、能力に合わせた教育プログラムを提供することが求められます。また、友達関係や集団生活におけるルールの理解など、社会的スキルの育成にも重点を置かなければなりません。思い返せば、保育園で筆者が嫌いな給食の干しぶどうを担任に隠れて机の下に苦心して落としていたのに、それを悉く発見され、食べ物の大切さを教え込まれたのもちょうどこの頃です。

　幼児の年齢が上がるに連れて、1人の保育士さんが担当する子どもの数は増え、その分だけ保育士の役割は重く、多岐にわたるものとなっています。

　30人の6歳児をたった一人で担当しなければならない保育士は、さながら30頭の怪獣の群れに放り込まれ右往左往するヒーローの如くです。その30頭の怪獣が一気に干しぶどうを床に落とす行動に出た場合、ヒーローにはとても勝ち目はありません。

努力や根性でクリアできるレベルはそこまで高くない

　保育の現場において、保育士さんたちは、法令で定められた基準以上に、子ども一人ひとりに寄り添ったケアを提供しようと日々努力しています。しかし、実際には多くの保育所で人手不足が問題となっており、理想と現実の間には深刻なギャップが存在しています。例えば、乳幼児の急な発熱や体調不良が

重なった際、定められた基準ギリギリで運営されている保育園では、一時的に一人の保育士さんが配置基準を超える多くの子どもを見ることを余儀なくされます。

　また、継続的な人手不足は保育の質にも影響を与えかねず、子どもたちの安全や発達にも潜在的なリスクを生じさせるおそれもあります。こうした現状を踏まえ、保育士と子どもたちの健全な環境を確保するためには、単に数値基準を満たすだけでなく、保育士さんの質や保育の内容にも注目し、適切な人員配置や支援体制を整えることが不可欠です。

　とはいえ、「保育士の数を増やせばいい」という単純な問題ではありません。職業として労働環境や待遇で魅力あるものでなければ、保育士になろうとする人は増えません。

　人はパンのみにて生くる者にあらずと言われますが、やりがいと子どもが好きという思いだけで仕事ができるものでもないのです。**保育士さんが働きやすい環境を整えることも、結果として子どもたちのケアの質を高めることにつながります。**

　保育園での保育士配置基準は、子どもたちにとって安全で質の高い保育環境を提供するための一つの枠組みです。しかし、この基準を実際の保育現場に適用する際には、数値にとらわれすぎることなく、現場の状況や子どもたちのニーズに応じた柔軟に対応すること、そして何より適正な労働環境の整備とともに保育士さんの数を増やす施策が求められるのだと思います。

　そのように、長い間、保育現場での人手不足や保育士の処遇の不備・不適切保育の問題が指摘され、保育士配置基準を見直すべきとの声が高まってきていたところ、令和6年内閣府令第18号により、実に76年ぶりに保育士の配置基準が改定され、令和6年4月1日から施行されています。これにより、3・4歳児配置について20対1から15対1に、また4・5歳児配置は30対1から25対1に変更され、配置の問題について改善が図られることとなりました。とはいえ、まだまだ課題は多く、今回の改正を改革の一歩としてくれることを願うばかりです。

どのような理由があれ、干しぶどうをわざと床に落としてはいけない。

Chapter

複雑でとっつきにくい印象の分野だけど
知っておくとトクをするかも？
お金持ちを探すコツから税金のマメ知識まで。

04

おカネと税の
ふしぎな法律

Contents

1円玉をつぶしたら有罪、
1万円札を破いても無罪

でも お高いんでしょう？

とっても素敵。

なんと○○％で作られているんですね。本一○○の紙幣で

実はこのお洋服

【貨幣損傷等取締法】

① 貨幣は、これを損傷し又は鋳つぶしてはならない。

② 貨幣は、これを損傷し又は鋳つぶす目的で集めてはならない。

③ 第一項又は前項の規定に違反した者は、これを一年以下の懲役又は二十万円以下の罰金に処する。

なぜ小銭を潰すと罪になるのか

　筆者が小学生のとき、クラスの生徒が美術室の版画用のプレス機で1円玉を直径10cmくらいに圧延して、たいそう問題になりました。

　実は、**小銭は潰すと罪になるのに、お札は破いても焼いても罪になりません**。貨幣（硬貨）は損傷すること、溶かして別のものに作り替えること、あるいはそうした目的のために集める行為が貨幣損傷等取締法という法律で処罰される一方、紙幣にはそのような行為を罰する法律がないからです。

　では、硬貨とお札で損傷行為に処罰の違いが生じるのはなぜでしょうか。

　1円玉は1gのアルミニウムでできています（実は1円玉を1枚製造するのに1円以上のコストがかかります）。もし今、1gのアルミの価格が3円になったとすると、アルミの弁当箱を格安で作るために1円玉を大量に集めて溶かす人が出てくるかもしれません。他の硬貨にも白銅や青銅、黄銅などが使われていますから、その原材料となる金属のレートによってはそうした恐れが生じます。皆が好き勝手に硬貨を潰してしまうようになると、流通する量が減り経済取引が停滞するので法律で禁じられているのです。結果、1円玉を鋳つぶして地金として売ったり、そのためにお札を1円玉に両替したり、あるいは加工して手品の道具に作り替えたりする行為は、1年以下の懲役又は20万円以下の罰金に処せられるのです。

なぜお札を破いても罪にならないのか

　では、お札の方はなぜそうした処罰の対象にならないのでしょうか。

　硬貨と違って1万円札を溶かして再生紙を作ったとて、もとの紙幣以上の価値を生み出すことは普通ありません。お札は類型的に損傷行為の対象とされる恐れが低いため、硬貨のように損傷したり鋳つぶしたりする行為を刑罰で禁じるまでの必要はなく、偽造や変造だけを処罰すれば足りると考えられているのです。

現在（2024年9月）のアルミニウムの価格は1kgあたり約350円なので、アルミの弁当箱は普通に買った方がよい。

02

腹立ち度
☆☆☆☆

やるせなさ
☆☆☆☆

ふるさとは
遠きにありて
払うもの

私たち、

全く縁も
ゆかりも
ないK市に
寄附して
黒毛和牛を
戴きました。

K市、
いったい
どこに
あるんでしょうね。

【泉佐野市のふるさと納税返礼品にまつわる事例】

ふるさと納税制度に係る総務省の告示の寄附金の募集及び受領について定める部分が、
地方税法の委任の範囲を逸脱した違法なものであり無効とされた。
（最三小判令和2年6月30日・民集74巻4号800頁）

ふるさと納税を巡るせめぎあい

　地方創生の錦の御旗とともに導入されたふるさと納税制度は、年々、参入する自治体や利用者が増え、手続を簡便にするポータルサイトも乱立しました。その結果、都市部の税収が落ち込んで特定の自治体の税収が急増するなど、敷島のそこかしこで様々な議論を呼び起こしました。

　納税者が自分のふるさとでも何でもない自治体に寄附をするだけで国税・地方税が控除され、しかも結構な返礼品が送られてくる上に、なんとなく「いいことをした」感を味わえるというこの制度は、筆者を含め我が国の国民感情に実によくマッチしていたのです。

　反面、一国の自治体の間で税源浸食が生じるという、課税行政上実に~~興味深い~~好ましからざる状況も生まれ、2度の総務大臣のお触れでも改善が見られなかったことから、**令和元年にはついに地方税法が改正**されました。

　これにより、ふるさと納税の対象となる地方団体を総務大臣が指定できることとなり、返礼品割合が寄附額の3割以下であることや地場産の返礼品を用いることなどの基準も整備されています。

　この法改正の目的は、要するに「返礼割合が3割超又は地場産品以外の返礼品を送付し**制度の趣旨をゆがめているような地方団体**に対する寄附金については、特例控除が行われないこととする」というえらい人たち（地方財政審議会）の実に強い思いがあったのです。

そこ（納税先）に愛はあるのか？

　確かに、ポータルサイトでカテゴリごとに返礼品を選んでいる納税者には、「ふるさとやお世話になった地方団体に感謝し、若しくは応援する気持ちを伝え、又は税の使いみちを自らの意思で決めることを可能とする」というふるさと納税の制度趣旨に通じる意識は希薄かもしれません。

　事実、この改正以後、「ふるさと納税も、前ほど旨みがなくなった」という捉え方をしている人は多いのではないでしょうか。いずれにせよ、この法改正で

過熱した返礼品競争はようやくある程度沈静化しました。

　どれだけ寄附金を多く集めても、返礼品が不相当に高額であれば、結局その行き着く先は税収の空洞化ですから、どこかで一定の歯止めは必要で、先の地方税法改正自体は妥当だといえます。また、もともとは「寄附者が自分の意思でふるさとやお世話になった地方団体に寄附を行う」という**崇高な制度**ですから、地場と全く関係のない他の産地の商品・製品を返礼品に充てるなどとは趣旨を逸脱しているともいえます。

ふるさと納税を巡る「泉佐野市の変」?

　そんな中、大阪府泉佐野市が国に果敢に挑み、勝訴した裁判がありました。

　泉佐野市は、令和元年改正法施行後、ふるさと納税制度を実施できる自治体としての総務大臣の指定を受けられなかったため、これを不服として国に対し「指定をしない旨の決定」の取消を求めて裁判を起こしたもので、当時は大きく報道されました。泉佐野市はなぜ、令和元年の総務大臣指定を受けられなかったのでしょうか。

寄附金受入額が1,000万円→498億円に!

　同市がたどってきたふるさと納税の歩みを少し振り返ってみましょう。

　もともと泉佐野市の寄附金受領額は、平成23年度までは年間1000万円前後でした。ところがその後、寄附金受け入れのための取組みが進められ、平成27年度約12億円、平成28年度約35億円、平成29年度約135億円、そして平成30年度約498億円と急激に受入額が増加しました。

　特に平成29年度、平成30年度の受領額は全地方団体の中で最高額であり、泉佐野市の人口が近時おおむね10万人前後で推移していることを考えると、驚異的な額です。

　また、平成30年11月～平成31年3月に同市が提供した1,026品目の返

礼品は全て返礼割合が3割を超え（平均返礼割合43.5％）、うち745品目は地場産品ではなかったというのです。

加えて、同市は改正法施行間際の平成31年4月〜令和元年5月には「300億円限定キャンペーン」「泉佐野史上、最大で最後の大キャンペーン」などと称し、返礼品に加えて**寄附金額の10〜40％相当のアマゾンギフト券**を交付するとして寄附金の募集をしていました。

こうした大々的・精力的なキャンペーンを目にした納税者の多くが、泉佐野市が自分の第二の故郷であると感じたとしてもふしぎはありません。

国が黙っているわけない

一方、既に見たように、令和元年の地方税法の改正は「返礼割合が3割超又は地場産品以外の返礼品を送付し**制度の趣旨をゆがめているような地方団体**に対する寄附金については、特例控除が行われないこととする」というところに主眼がありました。

そして、改正で新たに設けられた「総務大臣が指定した自治体への寄附金だけが控除の対象になるよ」という指定制度も、そうした過度な返礼品の提供や宣伝広報をする一部の地方団体にふるさと納税が集中している状況を是正するところに主眼がありました。

要するに、国からすると、泉佐野市は法改正と新しい「総務大臣指定制度」の下、「ふるさと納税から排除されるべき自治体」リストの筆頭、ドラフト1位であったわけです。

最高裁はなんて言ってる？

一方、泉佐野市は、同市を寄附金控除の対象となる地方団体に指定しなかった国の処分が違法であるとして、その指定をしない決定の取消を求めて争っていました。

この事案では、国の不指定決定の理由に関連していくつかの争点がありま

したが、そのうち最も大きなものは、総務大臣の指定制度施行の前に自治体がとっていた過去のふるさと納税募集の態様（本件では泉佐野市のキャンペーンや「アマゾンギフト券プレゼント」など）を、新制度の下で不指定の理由とすることができるかという点であり、この訴訟は最高裁まで争われました。

　最高裁判所第三小法廷は、不指定に至るまでの泉佐野市の返礼品提供の態様について「社会通念上節度を欠いていたと評価されてもやむを得ない」としつつ、その一方で、地方税法の改正法が過去に制度趣旨をゆがめるような返礼品提供を行った地方団体を新制度の下で特例控除の対象外とするという趣旨であったとはいえないとし、過去の寄附金募集実績等を理由に不指定とした総務大臣の決定が違法であったとして取り消し、泉佐野市の勝訴が確定しました。

結局、ふるさと納税は悪か

　泉佐野市のケースに限らず、かつてふるさと納税が無限定・無秩序に行われたことで自治体間の税源浸食が生じ、それが元々の制度趣旨から大きく乖離していたことは間違いありません。返礼品を選んだ後に、寄附金の使途については寄附先の自治体に一任し、その使われ方についても関心を払わない人は少なくないでしょう。

　こうしたふるさと納税制度が抱える歪さを理由に、「納税者の側もふるさと納税の利用を謙抑的に行うべき」、あるいは「そもそもふるさと納税制度は利用するべきではない」と説く人もいるようです。もっとも、筆者個人はそのような意見には賛同しにくい部分があります。

　およそ課税を巡る問題は**「違法・不当な税の免脱は許されてはならない」**という課税庁側の要請と、**「法で認められている課税回避手段の選択は何ら批判されてはならない」**という納税者側の要請の対立に集約されます。そして、筆者はそれら相対立する二つの力の平衡状態をもたらすのが税法・税制であり、またそうあるべきだと考えています。

　国や自治体が国民・住民に一方的・強制的に課する金銭給付という租税の

性格や租税法律主義の原則に照らしても、**税法・税制自体が有する問題点は法改正や課税処分の取消などで改善されるべき課題**であり、個々の納税者の自発的・自制的な選択によって回避されるべきものではありません。

　例えば、ある人の「ふるさと納税は自分の住む自治体の税収が減り、また本来自治体行政に充てられるべき金額が返礼品提供のために費消されるので利用しない」という考え方は、それ自体尊重されるべきものです。

　ただ、そうした自分の選択を理由に、ふるさと納税を利用する他の人を批判するのは、「菜食主義の自分に比べ、肉を口にするあなたは不見識だ」となじるのと同じくらい道理に合わない話ですし、無意味な分断を生むだけでさほど意味があるようにも思えません。

　とは言いつつも、ふるさと納税制度自体にいまだ非効率な面があること、現在も本来の制度趣旨と乖離した利用がなされていることは否定できません。また、返礼品提供に関し、自治体と事業者との癒着や自治体内部での横領と疑われるニュースもしばしば耳にするところです。

　こうした問題については、やはり制度の不備として、改善の必要性を訴えていかなければならないのだろうと感じます。

ふるさと納税は、「国の心、国民知らず」の制度であるが、国民にとって主に年末の心の潤いを与えてくれている貴重な制度でもある。

レア度
★★★★☆

富豪度
★★★★☆

「この中に、祖父母と 養子縁組している方は いませんか?」

社長、
お孫さんは
おってですか?

そんなら
養子縁組
しはったら
よろしいで。

【節税目的での養子縁組も有効とされた事例】

専ら相続税の節税のために養子縁組をする場合であっても、直ちに当該養子縁組について民法802条1号にいう「当事者間に縁組をする意思がないとき」に当たるとすることはできないとされた。
(最三小判平成29年1月31日・民集71巻1号48頁)

婚活シーンで血眼で探すべき人材

　もしあなたがお金持ちの人と結婚したいのであれば、「祖父母と養子縁組している人を探す」ことをおすすめします。別におじいちゃんっ子、おばあちゃんっ子を探すことをすすめているわけではありません。

　養子縁組は親から子へ、子から孫へという二段の相続による税負担を回避したり、子を増やして相続税の基礎控除を増やしたりという、課税の軽減・回避策として用いられることがあります。そこから転じて、「祖父母と養子縁組している家系は相続税負担にあえぐほどの資産家の推定が働く」→「結婚相手として最適」というロジックになるのです。

　そういった相続税回避目的の養子縁組には真摯な「縁組する意思」がないので無効ではないかという点が争われた裁判がかつてありました。

　ところが、最高裁判所は「相続税の節税の動機と縁組をする意思とは併存しうる」という非常にわかりやすい理由を示し、**節税目的での養子縁組も有効**であるとしました。いうなれば、国が認めた相続税納税者の救済制度です。

　とすれば、富を求める~~貪欲~~純粋な思いと養親・養子間の真摯な愛情もまた併存しうると考えることに何らの障害もありません。

　もっとも、「養子縁組を活用してまで相続税対策に躍起になっている人が、節税の結果守られる資産をターゲットに婚活に勤しむ人を伴侶として歓迎するか」という点については、残念ながら適切なデータがありません。

　その答えを見つけるのはあなた自身です。

登記実務では中間省略登記は原則認められないが、相続実務では中間省略相続は認められている。

「この中に、4年落ちの
中古車をローンで
買った方はいませんか?」

この二輪馬車は
初度登録が
紀元前五三〇年
ころなので、
ざっと
二五〇〇年落ち
ですね。
節税には
もってこいです。

うち、
馬飼えないのよ。
マンションだから。

【所得税法】

（減価償却資産の償却費の計算及びその償却の方法）
第49条1項　居住者の（中略）減価償却資産につきその償却費として（中略）必要経費に
算入する金額は、その取得をした日及びその種類の区分に応じ、償却費が毎年同一となる
償却の方法、償却費が毎年一定の割合で逓減する償却の方法その他の政令で定める償却
の方法の中からその者が当該資産について選定した償却の方法（中略）に基づき政令で
定めるところにより計算した金額とする。

「ほどほど」のお金持ちを探すなら

　あなたが「大金持ち」と結婚したいのであれば、前項で紹介したアイデアを参考にしてみてください（→4-03）。もし、あなたがもう少し謙虚で慎み深く、「ほどほど」のお金持ちと結婚できればいいというのであれば、**4年落ち以上の中古の車をローンで買っている人**も実におすすめです。

　なぜならば、「ほどほどのお金持ち」の多くが登録年数の比較的浅い中古車をローンで購入するケースが多いからです。実はこれは税務と資金運用を考慮した高度な判断によるものです。

「4年落ちの中古車」を買うと何が起こるのか？

　一部の資産は、使用や時間の経過とともにその価値が減少するという理解に基づき、そのような資産の価値減少分を税法の定める一定期間にわたって段階的に経費計上（費用化）するための税務上のメカニズムがあります。この場合の、使用・時間の経過によって価値が減少する資産を「減価償却資産」といい、その費用化すべき期間の長さ（償却期間）も、資産の内容ごとに国によって細かく定められています。

　例えば、普通自動車は法定耐用年数（法律上の耐用年数のこと）が6年ですから、本来、6年間に分けて減価償却費を計上する必要があり、車を買った際の取得費用全額を購入の年に一括して経費計上することができないのです。ざっくり言うと、300万円で新車を買ってもその年に経費として計上できるのは最大で50万円にしかならないのです（定額法を選択した場合）。「最大で」というのは、経費計上できる額も月割り計算になるからで、7月に車が納車されると、7〜12月の6か月分、25万円しかその年には計上できません。なお、定率法の場合は初年度、もう少し大きい額を計上できますが、同じ7月の納車であれば50万円弱を計上できるのみとなります。

　一方、中古車として取得した車の耐用年数はやや特殊で、法定耐用年数

から（新車登録からの）経過期間をマイナスして計算します。その結果、4年落ちの普通自動車の耐用年数は2年になります。そして、定率法では耐用年数が2年の減価償却資産の償却率は1.000とされており、要するに1年での一括償却が認められるのです（ただし、ここでも月割り計算になるので、残りの部分は翌期に計上することになります。多くの専門書籍で「一括計上できる場合がある」と思わせぶりな書き方をしているのはこのためです）。

さらに車をローンで買えば、その支払利息も経費として計上することができ、減価償却費の計上と合わせることでより大きな税務上のメリットが得られます。まさしく経費計上の鬼的発想ですが、ほどほどのお金持ちが、（携帯を買い換えるような感覚で）4年落ちの中古車をローンで買い換えて乗り継いでいくという行動に走るのはこのためです。

税負担に人一倍センシティブな彼らにとって、償却期間が経過した車に乗るなど経済合理性がなくとも耐えられないのです。なお、中古車であれば、4年落ち以上の車でも減価償却費の一括計上は可能ですが、それだけ年式も古くなってしまいますし、モデルの古さも目立つようになってしまいます。そんなわけで「4年落ち」は、**なるべく見栄え良くし、かつ税務上のメリットを最大化したいと考えるちょっぴり貪欲な層**にとって最も据わりの良いラインなのです。

あくまで「ほどほどの」お金持ちに限ります

また、なぜこの手法を採用するのが「大金持ち」ではなく「ほどほどのお金持ち」に限られるかというと、正真正銘の資産家には税負担よりも新車の高級車に乗る価値やステイタスを優先する人が多く、わざわざ4年落ちの中古車をローンで買うというプチブル的発想になりにくいからだといわれています。

ほかにもあった「意外な節税の方法」

こうした「短い償却期間の資産を狙って大きな節税効果を得る」という発想は古くからありました。

10万円未満の少額の事業用資産について購入時に一括して経費計上できるという制度を利用し、会社が建築足場の部材を大量に購入して損金に計上した上、それを他者（足場レンタル事業者など）に貸して賃料収入を得るという節税スキームも一時期話題となりました。

こうしたスキーム自体は、購入とレンタルの実態が伴っている限り、（少なくとも以前は）合法的な節税方法だったので、予想外に売上が立ってしまった事業者がその年に機動的に課税負担を減らす方策として重宝されてきました。建築足場以外では、10万円以下のドローンを大量に購入し、それを他の事業者に貸し渡すというスキームも流行りました。

ところが、あまりに実態の伴わない事業用償却資産の損金計上が多くなったため、令和4年の税制改正により、こうした貸付に用いられる少額資産取得費の損金計上はできなくなりました。

一方、何千万円もする高級なクラシックカーを購入し、取得費を短期で償却して他者にレンタルし、その賃料収入を得るという節税スキームも有名です。

もっとも、こうした節税策を利用する（してきた）事業者には、そもそもクラシックカーや建築足場、ドローンのレンタル事業とは全く関係がなく、税の専門家等から節税スキームとして提案されて利用しているケースも少なくありませんでした。当然、そうした会社はレンタル期間が終わって車や足場、ドローンを返されても扱いに困るので、レンタル終了後の買取事業者の手配も含め、現物の移動しないペーパーと資金移動だけのスキームも少なくなかったようです。

そうした形骸化したやりとりが進むにつれ、最初から現物の存在しない**節税スキーム詐欺**が生まれるといった問題も指摘されるようになりました。

「詐欺被害の損害も損金計上できるから結果オーライだね！」と言える方は、おそらくそれほど多くはないので、節税は文字どおり節度をもって行いたいものです。

4年落ちだと、既に市場にはモデルチェンジ後の車両が出回っているので、対外的には「あえてその中古車を選んだ」理由を用意しておきたい。

賄賂をもらっちゃダメ
なのは公務員だけ?

自由な校風と
人間愛、多様性を
重んじる当学園は、
親御様の
「お気持ち」次第で、

入学試験に受かる
実力も意欲もない
怠惰なお子様にも
等しく学ぶ場を
ご提供しております。

【刑法】

（収賄、受託収賄及び事前収賄）
第197条1項　公務員が、その職務に関し、賄賂を収受し、又はその要求若しくは約束を
したときは、五年以下の懲役に処する。この場合において、請託を受けたときは、七年以
下の懲役に処する。
2項　公務員になろうとする者が、その担当すべき職務に関し、請託を受けて、賄賂を収
受し、又はその要求若しくは約束をしたときは、公務員となった場合において、五年以下
の懲役に処する。

賄賂と聞いてオー、ショック！

　越後屋や桔梗屋が菓子の下に隠した小判を秘密裏に悪代官に渡し、お互いのワル振りを褒め称えるという少し気色の悪いやりとりは、時代劇において、勧善懲悪のストーリーを引き立てる重要なシーンです。

　公職に就いた者がその地位や権限を本来想定されているのとは異なる形で行使し、不正な企業努力に加担してダーティーなマネタイズを図るというのは、洋の東西を問わず古くから繰り広げられてきた構図です。こうした汚職は、社会のシステムが複雑化し、システマティックな階層構造が整備される結果生じる不可避的なリスクだという側面があります。

　とはいえ、例えば一国の総理が一企業の請託を意気に感じたからといって、**特定の大臣をして特定の会社に特定の航空機を選定購入するよう行政指導をなさしめ、その対価として例えば5億円を用意させる**などというのは、やはり少々具合が悪かろうと思われます。[*]

意外と狭い？　「賄賂」の定義

　そんなわけで、我が国の刑法は、汚職の罪に10箇条を割き、そのうち6箇条が賄賂の罪に関するものとなっています。

　そして、賄賂を受け取る罪（収賄罪）について、刑法は「公務員」ないし「公務員になろうとする者（事前収賄）」「公務員であった者（事後収賄）」のみに罪の成立を認める態度をとっています。

　一方、こうした公務に関わらない私人については、収賄罪の対象とはしていません。例えば、我が子を実力の5ランク上の私立学校に入学させるために理事者にお金を握らせる行為、民間企業の社員が取引業者に有利な計らいをすることを約束して金品を受け取る行為、コンビニエンスストアのクジで不正に1等の賞品を得るためにアルバイト店員を買収する行為は、（背任や業務妨害などが成立する余地は残るものの）少なくとも収賄罪に問われることはありません。そこには、公立小学校の卒業式で「お世話になった学級担任に渡す

感謝の花束が賄賂にならないか」と親御さん方がセンシティブになるのとはずいぶん違った光景があります。

守りたいのは公務の公正と社会の信頼

公務員と非公務員とでなぜこのような違いが生じるのでしょうか。刑法上の賄賂の罪は、**公務員の職務の公正とこれに対する社会一般の信頼**を保護するために設けられている罪だからです。

一方、私企業・私人の職務の公正やそれに対する社会一般の信頼も守られなければならない利益であることは間違いありませんが、それらは社会的な評価と淘汰の波にさらされるべきものであり、少なくとも日本では刑罰の威嚇をもって臨まねばならないとまでは考えられていないということです。

なお、こうした違いを悪用し、非公務員である第三者を介在させて賄賂を何とか収受したいと考える不心得な公務員のために、第三者供賄という罪もきちんと用意されています（刑法197条の2）。

また、賄賂の罪は公務員が賄賂を受け取ることによりその職務の公正やそれに対する信頼が損なわれることを防ぐためのものですから、越後屋や桔梗屋のような非公務員であっても、公務員に賄賂を贈れば贈賄罪が成立します（刑法198条）。

あの「世界的スポーツ大会」における事件は……？

公益性・公共性のある職務に従事し、法律上「公務に従事する者」とみなされる、いわゆる「みなし公務員」については、非公務員であっても収賄の罪が成立し得ます。

数年に一度の世界的なスポーツ大会の組織委員会理事が複数のスポンサー事業者から「コンサルティング料」をかき集めていた行為について受託収賄罪に問われたのも、この「みなし公務員」であったことによります。弁護士会の会長や副会長なども弁護士法の規定によって「みなし公務員」として

扱われます。

　一方、そうした「みなし公務員」には当たらない民間事業者の行うものであっても、公益性や公平性、透明性が求められる業務については、個別の法律で収賄の罪が定められているケースもあります（例えば、社会福祉法156条では、社会福祉法人の会計監査人等の収賄を禁じています）。

　ビジネスパーソンにおなじみ会社法でも、取締役等の贈収賄（967条）、株主等の権利行使に関する贈収賄（968条）など、不正の請託とともに行われる収賄行為に刑事罰を科す定めがあり、会社に対する社会信頼も増すというものです。

　また、日本以外では、刑事法上の罪として、非公務員が行う収賄を処罰の対象としている国もあります。例えば英国贈収賄禁止法では民間組織に従事する者への賄賂（商事贈収賄）も違法であり、贈収賄の防止に失敗した企業に対しても罰則が定められるなど厳しい姿勢で臨んでいます。

「お主もワルよのう」と言われないために

　我が国においても、非公務員の行う収賄行為は、収賄罪という形ではないにせよ、背任や偽計業務妨害、業務上横領等の罪、特別法上の罪、あるいは民事上のペナルティを科せられるおそれがありますので、刑法上の収賄罪が成立しないからといってマクラを高くして寝てよいことにはなりません。

＊ロッキード事件。「総理の犯罪」として知られる我が国史上最大規模の汚職事件です。発覚後、アイムソーリーと言ったとか言わないとか。よい子はマネしてはいけません。

汚職の罪は「汚（れ）」の字の部首から捜査機関において「サンズイ」の隠語で親しまれている。

大ケガの「賠償金」。
さすがに税務署も見逃して?

【所得税法】

（非課税所得）
第9条1項　次に掲げる所得については、所得税を課さない。
（中略）
十八　（略）損害賠償金（これらに類するものを含む。）で、心身に加えられた損害又は突発的
な事故により資産に加えられた損害に基因して取得するものその他の政令で定めるもの

「損害賠償金は課税されない」という
ルールは確かにある。

　あなたが帰宅途中、後ろから走ってきた車に跳ね飛ばされる交通事故に遭ったとしましょう。しばらく会社を休み、1か月間通院したのちに、無事ケガも治ったので加害者と示談をしたとします。このときあなたに支払われる示談金には治療費や休業損害、慰謝料などのほか、事故で壊れたスマートフォンの賠償金なども含まれ、加害者から総額で50万円が支払われたとします。このあなたが受け取った示談金は課税されるのでしょうか。

　事故で散々な目に遭った上、加害者から支払われたなけなしの賠償金にも税金が課せられるなどまさに弱り目に祟り目ですが、税務署ならそれくらいのことは平気でしてきそうなイメージもあるのでやっかいです。

非課税所得にはいくつか種類がある

　結論から言うと、この場合には**課税はされません**。

　我が国の所得税法は、ざっくり言うと「人が収入の形で新たに得た経済的利得を全て所得と考える」という非常に広く柔軟な考え方を採用しているので、事故で得た示談金も「所得」として課税されそうなものです。その一方で、所得税法は、政策的な見地から様々な「非課税所得」を定めており、その中に「**心身に加えられた損害**又は突発的な事故により**資産に加えられた損害**に基因して取得するもの」を所得税の課税対象から除外し、わざわざ「税金はかからないよ」と言ってくれています。

　さらにこれを受けて所得税法施行令30条は、①心身の損害に対する慰謝料その他の損害賠償金（休業損害を含む）、②不法行為等による資産の損害に対する損害賠償金、③相当の見舞金の3つについて非課税としています。①は人身損害、②は物的損害に対応しますが、あなたが不幸にも巻き込まれてしまった事故のケースでいうと、治療費や休業損害、慰謝料などが①、スマートフォンの賠償金が②に当たります。

ちなみに、施行令は内閣が定める政令の一種で「しこうれい」と読みます。政令は法律の定める抽象的なルールについて、さらに具体的に補足するために制定されるルールであり、主要な税法にはだいたい「○○法施行令」といった政令が用意されています。似たものに「○○法施行規則」というものもありますが、これは主に各省庁が定めるルールで、施行令のルールをもとにさらに詳細な手続や基準を定めるためのものです。

「損害賠償金」はなぜ課税されないのか？

　交通事故の加害者から支払われる示談金や和解金（＝損害賠償金）が例外的に非課税とされるのは「賠償金が本来あるべき資産の減少を補うために支払われるものでプラスマイナスゼロだからだ」といった説明がなされます。また、交通事故に何ら関係のない国が所得税という名目で利益をかすめ取っていくことを容認しがたい国民感情に配慮したのだともいえます。

事業者は例外に注意

　「損害賠償金」であっても、賠償金の支払いを受ける**被害者が事業所得者の場合**には、例外の例外的に課税されるケースがあります。

　例えば、事故で損傷した在庫商品の損害や、事故で働けなかった期間の営業上の損失（逸失利益）を補てんするために支払われた賠償金は、被害者の事業所得の収入金額に計上しなければならず、残念ながら非課税扱いにはなりません。それらの賠償金は「事故に遭わずに通常の業務をしていた場合の収入と質的に異ならないので非課税にする必要はない」といった考慮があるのだろうと思われます。

　ところが、給与所得者の場合は、事故で休んでいた際の休業損害は非課税とされ、しかも交通事故等の損害賠償の場面では税引き計算がされません。つまり、給与所得者については、事故による賠償を受ける方が、事故に遭わずに勤務していた場合に比べ、**本来納付すべき所得税の金額分だけ手**

元に多く残る形になってしまうのです（これで事故に遭う方が得だと考える人はそうそういないとは思うのですが）。

　それよりも、同じ勤労者でありながら**事業所得者と給与所得者とで休業の賠償金について課税上の扱いに大きな差がある**のは気になります。

「損害賠償金」でありさえすればよいのかという問題

　以上のような課税上の取扱いを知ると、「収入を『損害賠償金』名目にしてしまえば課税を免れることができるのではないか」と考える人もいるかもしれません。

　例えば、売掛先と示し合わせて事業上の売上を賠償金として支払う形にしたり、軽微な事故にかこつけて不相当に過大な賠償金の支払いを行ったりすることで、課税なしに利益の移転ができるのではないかという試みが奏功するかという話です。

　残念ながら税法はそうした誰もが思いつきそうな浅知恵で課税がクリアできるほどには、おおらかにできていません。名目がどのようなものであれ**損害賠償としての実体があるか否かが重要**ですし、不相当に高額な支払いをしても相当な損害額を超える部分については賠償金として認められなくなるだけの話です（そうした「創意工夫」の見返りは過少申告加算税や重加算税、脱税の罪であることが多いようです）。

何度言っても施行令を「せこうれい」と読む人とは少し距離を置いた方が良い。

借金を返しても
税金が減らないわけ。

今期の借入も全部
売上にぶっ込みますね。

わかりました。
それなら、

そのくらい
チャレンジ
してくれや。

先生、今年は
元金分の返済も
経費に
ぶっ込んでや。

加算税を
恐れるな

【企業会計原則】

第二　損益計算書原則

（中略）

（損益計算書の区分）

二　損益計算書には、営業損益計算、経常損益計算及び純損益計算の区分を設けなければならない。

（中略）

B　経常損益計算の区分は、営業損益計算の結果を受けて、利息及び割引料、有価証券売却損益その他営業活動以外の原因から生ずる損益であって特別損益に属しないものを記載し、経常利益を計算する。

収支に感じる素朴な疑問

数年に一度、「会計の勉強をしなければ」という強迫観念にも似た使命感に襲われる、それがビジネスパーソンの通常の姿です。

たいてい簿記3級の勉強から始め、複式簿記の構造や仕訳の意味を学び、それらをもとに作成される財務諸表・計算書類の理解に進むことになるはずです。

B/S（貸借対照表。企業の財政状態を表すもの）、P/L（損益計算書。企業の収支の状態を表すもの）、C/F（キャッシュフロー計算書。企業の現金等の流入・流出状態を表すもの）といった略語を粋に使いこなせるようになるかならないかのタイミングで、**「借入金の利息の支払いは費用や損金になるのに、元金の返済はなぜそうならないのか」**という深遠な問題に直面します。

特に短期の借入金では、元金返済によるキャッシュアウトの方が単回の利息支払いよりずっと大きくなるのに、それを無視し、なぜに支払利息だけを切り分けて費用（損金）として認識するのかという思いが生まれます。

「借入金はそもそも収入として認識しないから」

借入金に対する利息の支払いそれ自体は、事業を運営する上で元金の返済とは別に負担しなければならないコストなので、これが費用（損金）に当たるというのはまあ分かります。

では、気になるのは**元金の返済がなぜ費用（損金）に当たらないのか**という点です。ここを理論的に正面から説明してくれている書籍は多くはないので、「財務会計のルールでそうなっているから」で通り過ぎてしまえばよい話かもしれませんが、やはり気になります。

その一つの答えですが、**借入金元金はそもそも収入として認識しないから**というのが一番しっくりくるのではないかと思います。借入金元金は預り金と同様、P/L上の収入金額には当たらず、B/S上に負債として計上されるに過ぎません。そして、その元金返済のために支出を生じたとしても、B/S上の負債

が減少するのみです。

堂々巡りの議論？

ただし、ここで元本の返済が費用（損金）とならないことの理由として、「借入金の元本の返済は利益には影響しないから」と捉えるとしても、それは言ってしまえば、単に同じ子豚を前と後ろから見て様子を説明しているのに等しく、同義反復の匂いがしますし、子豚を見たことのない人にとっては相変わらずよくわからない話です。

むしろ「借りたものは返すものであって、自分のものではない」という素朴な世界観の方が理解しやすいかもしれません。

この考え方をもう少し推し進めると、「借入金元金を収入（益金）として認識し、元金の返済を費用（損金）として認識するという財務会計の考え方も、理論的には成り立ちうるんじゃないか？」という疑問にたどり着きます（あくまでも「理論的に」です）。

借入金元金の受け取りや返済を収益や費用として把握するかという問題は、究極的にはその国ごとの収益・所得の把握の仕方の問題であり、またそれを受けて財務会計の制度をどのようにデザインするかという問題に尽きるように思われます。

国際会計基準には真っ向から反するので賛同してくれる人は多くはないかもしれませんが、無数に存在する平行世界の一つにはそうしたエキセントリックなルールを用いている国や地域もあるのかもしれません。何か底知れないロマンを感じます。

借入金元金を収益（益金）と認識すると困ることは？

では、なぜ現実世界では、どの国も借入金元金を収益として認識する財務会計の制度を採用しないのでしょうか。

考えるに、結局、借入金元金を収益（益金）として認識するということは、

反対に金員の貸付を費用（損金）として認識するということにつながり、そうなるとこれがずいぶんと具合が悪いのです。

　こうした制度をとったとき、事業年度の終わりが近づくと、その年に利益が多くて嬉しい悲鳴を上げている人が、利益が少ない人に貸付を行うことで費用（損金）を生み出し、簡単かつ合法的に利益の圧縮を行うということが頻発するはずです。貸付金ですから、いずれは返してもらうわけですが、それを自分の売上が少なくなる年度にうまく調整しておけば、**所得の平準化**ができてしまいます。利益圧縮のために、短期で償却できる資産（かつての建築足場材とか、4年落ち以上の中古車とか。→4-04）を一心不乱に買うよりも、ずっと簡単・合法・効果的に「節税」ができてしまうというわけです。

　一方、課税当局からするとこれはたまったものではありません。貸付が費用（損金）になると、簡単に収益の繰り延べを許すことになり、適正な課税など不可能になるでしょう。ここで課税庁が上げるのは普通の悲鳴です。

　そうしたわけか、今までも、これからも、借入金の元金の受領や返済は収益や費用として認識されないというわけです。

財務会計上の処理はともかく、借入金をまるで自分の資産であるかのように自由奔放に使いまくる人や企業というのは多い。

08

ふしぎ度
★★☆

見せかけの幸福度
★★★

年末に何を
調整しているの？

この一年
よう頑張った。
年末調整や。
お釣りあるか？

【所得税法】

（過納額の還付）

第191条　前条の場合において、同条に規定する超過額をその年最後に給与等の支払を
する際徴収すべき所得税に充当し、なお充当しきれない超過額（中略）があるときは、前条
の給与等の支払者は、その過納額を還付する。

事業主から皆さんへ心ばかりの贈り物？

　年末が近づくと、多くの給与所得者が「年末調整」というよくわからない名目で給付されるお金に心を沸き立たせるようになります。この年末調整、「年末」はともかく、何が「調整」されているのかがよくわかりません。

　年末調整を一言で表すと**雇い主との間で行う所得税の精算処理**です。一年間の所得と納税額を確定し、払いすぎた税金を返してもらう、または足りなかった分を支払う手続のことです。

「返金」されるのはなぜか

　多くの人が年末調整で税金を返金されるのは、**日本の税制が「過払いを前提とした仕組み」になっているから**です。一年間の所得予測には不確定な要素が多く、最終的な所得税額を正確に予測することが難しいため、毎月の給与から源泉徴収する額をあえて高めに設定しているのです。

　そして、年末調整で実際に負担すべき税額が明らかになり、その結果、多くの場合、過払い分が戻ってくるというわけです。

　年末調整の最大の利点は、個々の従業員が確定申告をする手間を省ける点にあり、企業や組織がこの手続を一括で行うことで、従業員は比較的簡単に「過払い税金」を取り戻すことができます。

　この制度は、国にとっては安全、確実かつ早期に税収を確保できますし、納税者にとっても思いがけない臨時収入を得たかのような年末の幸福感を演出してもらえるという、非常に良くできたシステムです。いわば「国の認めたありがたい税金返金制度」ということができるでしょう。

個人事業主にも所得税の還付という似た制度があるが、こちらは逆に追加でぶんどられることもけっこう多い。

契約書にペタッと貼る
謎の紙は何？

はい、契約書。収入印紙は各自でちゃんと貼っておいてくださいね。

そりゃもちろん。

【印紙税法】

（納税義務者）
第3条1項　別表第一の課税物件の欄に掲げる文書のうち、第五条の規定により印紙税を課さないものとされる文書以外の文書（以下「課税文書」という。）の作成者は、その作成した課税文書につき、印紙税を納める義務がある。

印紙を貼る行為が持つ意味

　仕事上で取引先と契約書を交わすとき、家を売買するとき……社会生活を送っていると、ごくたまに取引の書面に収入印紙を貼らなければならない場面に出くわします。さてあの行為、いったいどういう意味があるのでしょうか。

　これは**書面に収入印紙を貼ってそれを消印する**（書面と印紙の縁の彩紋にまたがる形で押印すること）**という行為によって印紙税という税金を納税している**のです。これが不可解であると私たちが感じるのは、所得税や住民税、消費税と異なり、何かそれ自体によってお金やサービスといった利益を受けるわけではない「書面を作成した」という行為を理由に、利益を吸い取られるからではないでしょうか。

　契約書などに印紙を貼る儀式は、経済取引を生じさせる文書の作成それ自体に課税の瞭根拠を見いだし、その作成者自身に「印紙を買わせて、貼らせて、使えなくさせる」行為を通じて税収を得ようという課税庁の魂胆によるものです。「文書を作成したこと」を理由に課税されるという印紙税の形式それ自体が違和感の根っこではないでしょうか。

印紙税の来し方・行く末（?）

　印紙税は国民が好き勝手に作る一定の書面に課税するというその性質上、課税者（国）がその逋脱（脱税）を完璧に把握することが困難な税目の一つです。その関係かどうかは分かりませんが、契約書調印の場面で「印紙の貼付の方は各自で」という、焼き肉店での「レバーは各自よく焼いてお召し上がりください」的なお茶の濁し方がなされることもしばしばです。ただし、印紙税がきちんと納付されているかは作成された書面から一目瞭然なので、税務調査で印紙税の逋脱が指摘され高額の過怠税を追徴されることも珍しくないというのは、知っておいて損はありません。

　どれだけ営業熱心でも、弁護士等士業の作成する領収証はなぜか通達で「営業に関しない受取書」とされ印紙税非課税である。

10

「税金は勝手にとられる」
って思ってません?

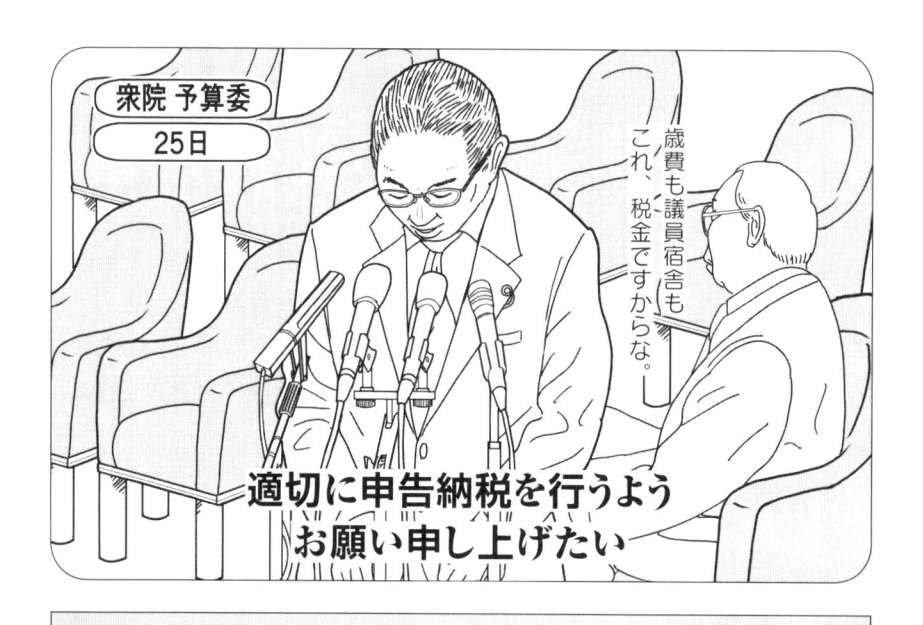

衆院 予算委
25日

歳費も議員宿舎も
これ、税金ですからな。

適切に申告納税を行うよう
お願い申し上げたい

【国税通則法】

（期限内申告）
第17条1項　申告納税方式による国税の納税者は、国税に関する法律の定めるところにより、納税申告書を法定申告期限までに税務署長に提出しなければならない。

税金は課せられるもの？　納めるもの？

　所得税は、その名のとおり、個人の所得に対して課税される税です。我が国では、利子所得、配当所得、不動産所得、事業所得、給与所得、退職所得、山林所得、譲渡所得、一時所得、雑所得の10種の所得が定められています。消費税や資産税に比べて租税法史的には新しいのですが、我が国では税収全体の3割強を占める重要な税目となっています。

　日本の所得税では、納税者である個人が国に対して所得の額と税金の額を申告して税金を納めなければならないという、**申告納税制度**がとられています。つまり所得税は、国民が自発的に計算を行い国に納めるものだとされており、その税額の確定と納税を行う行為がいわゆる「確定申告」なのです。我が国では、所得税のほかに法人税や相続税、消費税など国税の多くでこの「納税者自身が計算して納める」申告納税制度が採用されています。

　一方、多くの人にとって、税金は国から一方的に徴収されるものという認識かもしれません。会社員の方は、毎月の給与から所得税額が天引き（源泉徴収）されているので、毎年暮れに年末調整（→4-08）を行うだけで納税の手続が終わってしまう人も少なくないはずです。そうした人たちが「確定申告」をイメージしにくいのは全く自然なことです。

　「税金は知らない間にとられている」「給与明細を見て初めて税額を知った」といった話もよく耳にします。

　ともあれ、我が国では納税者自身が所得額・税額を計算して国に申告し、併せて納税も自分で行う申告納税制度がとられており、これは税の分野でも民主的であろうとする制度であるといえます。

与えられる罰がある

　申告納税制度の背景には「納税者自身が自分の課税されるべき事情、所得額を最もよく知っている」という考え方があり、納税者である国民自身の自発性、自主性に大きく依拠したシステムとなっています。

それゆえ、申告納税制度がうまく機能するためには「納税者の自発的な協力」が必要であると指摘されます。これ自体は全くもっともな話ですが、ここで事態を難しくしているのは、人間が嘘をつく生き物だということです。

　人が嘘をつく理由は実に様々ですが、大別すると「見返りを得るため」「罰を逃れるため」の二つのパターンに分けられます。

　例えば、異性関係であれば「嘘の学歴・職歴を述べて歓心を得ようとする」「浮気を隠蔽するために嘘をつく」といった形でしょうか。課税の場面では「嘘をついて不正に還付金を得ようとする」「嘘をついて不正に納税義務を免れようとする」ということになるでしょう。どちらも、納税額が大きくなればなるほど、嘘をついてしまおうという誘惑も抗いがたいものになります。

　こうした**申告の場面での嘘**は、具体的には売上・収入をちょっとばかり少なめに申告したり（売上除外）、所得から差し引ける経費の額を少し多めに申告してみたり（架空経費）という形で現れます。**「自分の課税されるべき事情を最もよく知っているからといって、それを正しく申告するとは限らない」**というわけです。もっとも、こうした申告面における納税者のある意味チャレンジングな姿勢は、往々にして「脱税」というネガティブな評価を受けることになります。

　とはいえ「納税者の自発的な協力が必要」「不正な申告は脱税」と言ってみても、それを確実に機能させる制度がなければ、適正な課税はまさに絵に描いた餅になってしまいます。そのため、我が国の課税行政では、この申告納税制度を支える様々な制度を用意してくれているのです。

　まず、挙げられるのが**税務調査**です。これは（納税者が望むかどうかに関係なく）税務署や国税局が数年分にわたって過去の申告内容を調査し、その内容に不備や漏れがないかを確認してくれる一種の課税行政上のサービスのようなものです。

　そして、不当な所得の過少申告があったり、そもそも申告自体をしていなかったりといった不当な税逃れがあった場合は、過少申告加算税や無申告加算税、不納付加算税が用意されており、特に悪質な場合にはこれらに代えて重加算税という重いペナルティも用意されています。これらの加算税は、原

則として納めるべき税額とは別に10 〜 35％の負担が課せられるという過酷な
ものですから、善良な納税意識の涵養と課税制度の健全な発展を促すには
十分です。

そして、脱税には、こうした行政上のペナルティだけでなく、**懲役刑や高額
の罰金刑を定めた刑事罰**も用意されています（刑務所も財源は税金ですから「納
税が納税を支えている」ともいえますね）。こうした税の逋脱事犯では、損得計算
により脱税を行うインセンティブが生まれる余地をなくすため、経済的なペナル
ティはとりわけ大きくなっています。

申告納税制度の重み

しばしば無申告を指摘された高額収入の個人事業主が「確定申告が必要
だとは知らなかった」と述べて謝罪し、さらに批判に晒されるニュースが見ら
れます。**もし本当に申告義務を知らなかったとすれば**それ自体が大きな落ち
度です。かと思えば、政治絡みの不明朗な裏金的収入については申告がな
されず、それなのに課税庁が適切な措置をとっているとは評価しがたいという、
ふしぎな事案もあります。行政機関である以上、いろいろな忖度や配慮があっ
たのであろうと推察しますが、正しく納税する者にとって、他の人の課税逃れ
がやすやすと認められてしまう状況は、税制に対する信頼を大きく損なうことに
なってしまいます。

この問題に対しては、納税者の多くが、末端の税務署職員に向ける以上
の強い怒りと問題意識を持つべきだと感じます。

昭和29年まで、脱税防止のため、他者の脱税を課税庁に通報
し追徴となった場合に通報者にその追徴額の10％の報奨金
を与える制度があった。

Chapter

法律がわかれば、ビジネスがわかる。

社会のしくみがわかる。

話題のニュースが深く理解できる。

05

ビジネスと社会の ふしぎな法律

Contents

訴状が届いてなくても
コメントしろよ！

【民事訴訟法】

（職権送達の原則等）
第98条1項　送達は、特別の定めがある場合を除き、職権でする。
2項　送達に関する事務は、裁判所書記官が取り扱う。

訴状、常に届いてなくない？

　社会的に注目度の高い事件では、原告が「本日、私〇〇は、××に対して名誉毀損に基づく損害賠償請求訴訟を東京地方裁判所に提起いたしました」などと発表し、それがニュースで大きく取り上げられることがあります。

　訴状が提出されたという情報は、わざわざ原告が言わなければわかりません。こうした場合、原告には「報道を通じて社会を味方につけたい」という思惑があります。関係者の固有名詞をマスキングした訴状写しがメディアに配布されることも少なくありません。

　訴訟が提起されたとの情報を得たメディアは、その事件のニュースバリューが高いとみるや、被告と名指しされた個人や団体の元へこぞって駆けつけ、「訴えられたみたいですが今のお気持ちを」とマイクを向けることになります。ところが、こうした場面で被告は**「訴状が届いていないのでコメントできない」と答えるのが様式美**のようになっています。こうした、芸のない紋切り型の答えが好んで用いられるのはなぜでしょうか。

実際、送達までには時間がかかる

　訴状は、受理した裁判所の書記官が被告に送達するものとされており、原告は被告に訴状を直接送ることができません。このため原告は被告用の**訴状の副本**も併せて裁判所に提出するわけですが、実際にこれが被告の元へ届けられるまでには結構な時間がかかります。

　受け付けた裁判所では、その事件に番号をつけ、審理をする部・係に配点し、書かれている内容を精査します。**法律家が作る訴状に間違いなどなかろうと考える人は裁判所の中にはただの一人もいません**。事実、誤記や計算間違い、法律で定める記載事項の漏れなどはかなり多く、ひどいときには原告と被告を逆に書いている訴状もあるくらいです。裁判所は、うんざりした態度をできるだけ表に出さずに、そうした間違いや問題を修正するように原告に指示します（これを「補正の促し」といいます）。そして、訴状の記載に必要な修

正・変更が行われ、第1回期日の日程が決定されて、ようやく訴状の副本が被告の元に送達されるというわけです。

　訴状の提出から被告への送達までの期間はまちまちで、早ければ1〜2週間ほどですが、訴状の全体を通じて大がかりなミスや問題があると、**フルモデルチェンジに近い抜本的な修正**が必要になり、訴え提起から1〜2か月経ってようやく被告の手元に届くということもあるくらいです（その送達が遅延している期間も原告が請求している限り遅延損害金は発生し続けますから、待たされる被告の心境は複雑です）。

「いったん出し直し」は許されない

　あまりに間違いがひどい場合はいったん取り下げてきちんと書き直し、再度提出すればよさそうなものですが、訴状を出した時点で受付印が押されますし、取り下げると訴え提起による時効完成猶予の効果も消えてしまいます。そのため、**どれだけ誤記・脱字・誤計算をちりばめ悪文を極めた訴状であっても**、取り下げることなく、柱と屋根を除いた全面的なリフォームを施して生かそうとするのが普通です。

　その結果、被告の手元に来たときには、記者発表で配布された訴状写しと似ても似つかない内容だったということもありうるのです。

「防御は最大の防御」である

　当事者間での交渉が決裂したためにやむなく裁判に至るというケースが圧倒的に多いので、お互い、相手が裁判でどのような主張をしてくるかは、訴状や答弁書を見ずともある程度予想がつくのが普通です。

　とはいえ、裁判所の補正の促しによって、実際に送達された訴状の内容が当初の内容から大きく変貌を遂げていることもありますから、メディアにコメントを求められた被告としても、配布された訴状写しだけを手がかりに不用意に答えることはできません。また、そうするメリットもありません。

そうした事情から、マイクを向けられた被告としては、**「訴状が届いていないのでコメントできない」**と返すのが、**最も美しく、隙のない、完成された守りの回答**になるというわけです。

訴状が届いてから取材すればよいのでは?

ここでふと頭をよぎるのは、「メディアもわざわざ取材に行くのなら、訴状が送達されたタイミングで行けばいいのに」ということです。ニュースの鮮度を気にしなければ、至極真っ当な疑問であるように思えます。

もっとも、仮にその段階で取材に来られても、被告の多くは「訴状の精査ができていないためコメントできない」「今後、裁判手続の中でしっかりと主張していきたい」と答えるのが関の山ではないかという気もします。

結局、メディアを通じて世論や社会的評価を味方につけたい原告に対し、被告はそうした**場外乱闘を避け、ニュースの陳腐化を待ちつつ訴訟手続の中で粛々と冷静に対処する**ことが利益となるというケースが多いからです。

原告が訴訟提起の記者発表をする事案には、いわゆる政策形成訴訟のように、**訴訟提起の事実を大々的にアピールすることが有益・効果的なケース**がある一方で、訴訟での主張立証上必ずしも有利でない状況に置かれており、訴え提起後、**続報がないままひっそり請求棄却や敗訴的和解で終わる**ケースも見られます。

「まだ訴状は見ていないが、大方、つまらない内容で請求棄却だろうと思う」というコメントもあってよいのではないか。

選挙で、
みかんは配れるけど
チョコレートは配れない？

選挙で
配って
よいもの
悪いもの

みかんファースト

【公職選挙法】
（公選法）

（飲食物の提供の禁止）
第139条　何人も、選挙運動に関し、いかなる名義をもつてするを問わず、飲食物（湯茶及びこれに伴い通常用いられる程度の菓子を除く。）を提供することができない。（以下略）

飲食物の提供禁止の狙い

　選挙人の皆様におなじみ公職選挙法（公選法）は、その139条で、選挙運動に関して飲食物を提供することを禁じています。例えば、候補者が自らへの投票を呼びかけるために、有権者その他の者に飲食を提供してその歓心を買おうとする行為は、**構造的に買収と変わらない**ため禁止されるのだろうなというのは比較的理解しやすいところです。

　ところが公選法139条の条文を見ると「何人（なんぴと）も、選挙運動に関し」と定められ、候補者が振る舞う場合に限られていません。これまで実際に裁判で問題になり、この飲食物提供の禁止に反するとされたケースのうち、主なものを見てみましょう。

ケース①　陣中見舞いとして市長選挙の立候補者に対してビール券20枚（冷えたビール40本分）を贈呈した行為（大阪高判平成12年5月12日・判タ1046号130頁）

ケース②　県議会議員選挙の立候補者に対してブランデー瓶48本（576,000円相当）、清酒10本（17,800円相当）、焼酎20〜30本を提供（最一小判平成2年11月8日・刑集44巻8号697頁）

ケース③　選挙運動の謝礼として飲食店において選挙運動者多数に対し法定の弁当料500円を超える1人当たり2,000円相当の飲食物を提供（東京高判昭和54年12月26日・東高刑時報30巻12号209頁）

ケース④　衆議院議員総選挙において選挙運動者が他の選挙運動者14名に対し煙草「しんせい」24箱（合計960円）を提供（赤湯簡裁判決昭和40年3月10日・下刑7巻3号366頁）

ケース⑤　町長・町議会議員選挙において、立候補者22名に対し選挙運動を激励するため陣中見舞いとして清酒を提供（仙台高裁秋田支部判昭和34年9月23日・高刑12巻10号947頁）

ケース⑥　選挙運動者が他の選挙運動者にその選挙運動の労をねぎらう趣旨で合成清酒一升を提供（東京高判昭和29年4月27日・東高刑時報

5巻4号139頁)

ケース⑦　教育委員選挙に関し、立候補を決意した者が選挙運動者8名に対し一人前220円相当の酒食を提供（大阪高判昭和28.11.5・判特28号64頁）

これらの事例を見てまず思うのは「酒が多い」という点でしょうか。また、候補者が振る舞った場合よりも、**第三者が候補者に振る舞う「陣中見舞い」型**、そして**選挙運動人が他の選挙運動人に酒食を振る舞うという「運動お疲れ様」型**が非常に多いことに気づかされます。票の獲得に直接繋がらなくてもこの飲食提供禁止のルールに抵触することがあるということです。一方、特定の公職選挙に際してではあるものの、ほとんど大部分の候補者に対し提供する意思の下に、一律に二級清酒二升を提供した行為について、「選挙運動に関しなされたものとは認められない」として無罪となったケースがあります（最一小判昭和37年2月1日・刑集16巻2号43頁）。これは博愛主義を背景とする特殊な事案であると言えるかもしれません。

どこまでが「湯茶及びこれに伴い 通常用いられる程度の菓子」か?

ここでよく見ると一つ飲食物ではないものが混ざっていることに気づきます。ケース④の煙草です。確かに、高齢の方には「煙草を飲む」という表現を好む人がおられます。もっともこの事案で、裁判所は飲食物を「湯茶を除いて通常そのままの状態で飲食しうるもの」であるとした上で、「一見すると煙草は飲食物ではないと考えられがちだが、茶菓は必ずしも菓子に限らず煙草の類も含むものと解されている」とし、なんと煙草が菓子に当たるとしているのです。「そのように解することが我々の生活感情にも合う」とも指摘しており、刑罰法規とは思えないおおらかな判断に驚くと同時に時代の流れを感じます。

重要な点は（公選法139条の規定にもあるように）この飲食物提供の禁止では「湯茶及びこれに伴い通常用いられる程度の菓子」が除かれているということ

です。煙草の事案では、提供された量が多く「通常用いられる程度とは言えない」として罪に問われてしまいましたが、これが**「湯茶に伴い通常用いられる程度の菓子」であれば飲食物提供禁止の違反にはならない**ということです。

これは、その言葉の意味どおりに考えると、まんじゅう、せんべい、みかんなどのお茶うけ程度のものはよいとされているという指摘があります（全国町村議会議長会編『こんなときどうする？ Q&A選挙運動早わかり：地方議会選挙の手引き 第7次改訂版』［2020年・学陽書房］参照）。

一方、（時代の変化で多少概念は変わりうるとはいえ）高価な舶来もののチョコレートやメロン・マンゴー・ドリアンなど、特別に相手をもてなすために用いられると思われる高級な価格帯のものについては、「湯茶に伴い通常用いられる程度の菓子」とはいえないという判断もありうるところでしょう。バナナはどうでしょうか。確かにかつては高級果物であった時代もあったのでしょうが、現代では様相が少し異なります。冷蔵庫に入れっぱなしで皮が黒ずんだバナナは通常、他人にあげるに適しませんから、逆の意味で「通常用いられる程度の菓子」と言えないかもしれません。

「義理チョコ」はOK？

選挙運動ではなく公職の候補者等による選挙区内の者への寄附禁止（公選法199条の2）に関する事例ですが、過去には**バレンタインデーの義理チョコ**が問題となりました。

参議院議員である元閣僚が過去に所管していた省の幹部数十人に配った行為、自治体の首長が選挙区内で元首相に渡した行為について、公選法違反の寄附行為に当たるおそれがあると取り上げられたケースがあります。特に「バレンタインデーのチョコレート」は、義理であろうがなかろうがある種の特別な思い・思惑を伝える意図が背景にあるため、「通常用いられる程度の菓子」とは言いにくいのかもしれません。

もはや高価品となった現代の紙巻き煙草は「菓子」には当たらず、電子煙草はなおさら「菓子」に当たらないだろう。

03

悲しい立法者あるある
「思ってたんと違う」

【労働契約法】

（有期労働契約の期間の定めのない労働契約への転換）
第18条1項　同一の使用者との間で締結された二以上の有期労働契約（中略）の契約期間を通算した期間（中略）が五年を超える労働者が、当該使用者に対し、（中略）労務が提供される期間の定めのない労働契約の締結の申込みをしたときは、使用者は当該申込みを承諾したものとみなす。（以下略）

逆に有期労働者を追い詰めた
無期転換ルール

「非正規雇用であっても、一定期間働いた労働者が希望すれば正規雇用の職員になれる」というルールがあるのをご存じでしょうか。頑張って一定期間勤めることで正社員になれるのなら、派遣や契約社員として働いている人も一層仕事に打ち込むための励みになるというものです。

ではあなたの周りで、このルールを利用して正社員になったという人はどれくらいいますか。きっと、それほど多くはないはずです。実は、この制度、立法者の思惑に反して、それほどうまく機能しているとはいえません。

労働契約法には「有期の労働契約が少なくとも1回更新されて通算で5年を超えたとき、労働者の申込みによって、期間の定めのない労働契約（無期労働契約）に転換できる」という定めがあります（同法18条）。例えば、1年更新の契約社員の方が、ある会社で働き、複数回更新された結果、その会社で働いている期間の合計が5年を超えたときには、その契約社員は会社に期間の定めのない正社員として契約するよう請求することができ、会社はそれを拒めないというルール（無期転換ルール）なのです。これは比較的新しく、平成25年4月1日に施行されています。

ところが、この制度はその運用開始前から既に暗雲が立ちこめていました。短期間で契約を解消できる非正規労働者は、事業規模や経営状態に見合った人件費支出を実現したい経営者にとっては非常に都合のよい存在です。

一方、無期転換ルールは「通算5年を超える有期労働契約の継続で強制的に無期契約に転換できる」というものですから、「非正規雇用の活用で人件費の変動費化を」と考える使用者からすると、どうにも歓迎しがたい、できれば避けて通りたい制度でしかありません。

「通算5年を超えたら無期転換」とならないようにと知恵を巡らす使用者の発想は、ごく自然に「通算5年を超えなければいいのだ」というところにたどり着きます。その結果、これまでは更新回数無限定であった契約に更新上限を定める、通算5年を超える前に更新継続を止めるといった形がとられることにな

り、非正規雇用の労働者は、切迫した雇止めの影に怯えることになってしまいました。

　なお雇止めについても、労働者の更新への期待を損なうなど社会的相当性を欠く場合にその効力を否定するルールがあり、これも法律上ルール化されています（労働契約法19条）。とはいえ、自分の雇用を守るために時間と費用をかけて会社と戦えるという人ばかりではありません。

立法者の意図しない「逆効果」が生じることがけっこうある

　国が、望ましいと考える行動や選択をとるよう国民を誘導する方法として、好ましくないと考える行動や選択にペナルティを科し、あるいはそれを回避した場合のメリットを与える法制度を設けることがあります。そうした法制度は、上で見た無期転換ルールのように、時に**立法者の意図しない逆効果**を生むことがあります。

❶逆にコブラが増えた！（コブラ効果）

　植民地時代のインドで、総督府がコブラを減らすため、コブラの死骸を役所に持ち込んだ者には報酬を与えるという政策を実施しました。報酬を目的に住民が野生のコブラを捕獲し、個体数が減ることを期待したのです。ところが、住民は危険を冒して野生のコブラを捕まえるよりも飼育して繁殖させた方がずっと楽で儲かることに気づき、飼育したコブラの死骸を役所に持ち込むようになりました。総督府がこのような住民の好ましくない行動に気づき、死骸に報酬を与えることをやめると宣言したところ、1ルピーの利益も生まなくなったコブラなど飼っていても仕方ないと考えた住民が飼育していたコブラを野に放ち、却って個体数が増える結果となってしまいました。

　なお、似た事例にフランス植民地下のベトナムでのラット駆除施策があります。「ラットの死骸の一部でも報酬を与える」制度だったために、尻尾ばかりが持ち込まれ、ハノイの町中に尻尾のないラットが目立つようになったというも

のです。こちらは「ラット効果」と呼ばれています。

❷メキシコシティの大気汚染が減らなかった！

　1980年代のメキシコシティで、大気汚染対策として、曜日ごとに「市内を走ることができない車」をナンバープレートの末尾の数字と色で指定する施策"Hoy no Circula"（スペイン語で「今日は乗れません」程度の意）を実施しました。ところが、多くの市民が地下鉄や路面電車を利用するのではなく、いつでもマイカーに乗れるようにセカンドカーを購入し、タクシー利用も増加したため、大気汚染の削減効果は得られませんでした。なお、この制度は何度も改正され、電気自動車など適用除外の制度も加えられながら現在も実施されています。

❸ブルガリアの独身税がもたらしたもの

　1960年代後半にブルガリアで、少子化対策として独身税が導入されました。独身者に収入の5 ～ 10％もの税を課すという恐ろしい制度で、政府は「課税を回避したい若者が結婚して、出生率も上向くだろう」と想定していました。ところが、実際には重い税負担で若者の貯蓄が困難となり、却って結婚・出産が控えられることになってしまいました。この独身税が廃止されるまでの21年間でブルガリアの合計特殊出生率（1人の女性が一生で産む子どもの数を示す）は2.18から1.86に低下したというのですから、まさに逆効果です。独身者と既婚者とで税負担に差をつけるという点では、我が国の配偶者控除・扶養控除の制度も同様ですが、ペナルティとインセンティブの違いや負担（負担軽減）のさじ加減という点では大きく異なっています。

子どもに苦手な野菜を食べさせようと刻んでハンバーグに混ぜたところ、ハンバーグ自体を食べなくなることがある。

なぜ火事を出した人の
責任は軽減される?

【失火ノ責任ニ関スル法律】
(明治三十二年法律第四十号、失火責任法)

民法第七百九条ノ規定ハ失火ノ場合ニハ之ヲ適用セス但シ失火者ニ重大ナル過失アリタルトキハ此ノ限ニ在ラス

【失火責任法の立法理由が示された事例】 (大判明治45年3月23日・民録18輯315頁)

「燃やされても免責」のやりきれなさ

「隣の家がうっかり火事を出し、自分の家まで火が回ってしまった」。そのとき私たちは、隣人を見舞う気持ち以上に、自分の家に生じた損害を賠償してもらいたいと強く思うはずです。

ところが、我が国では失火責任法という法律がそれを阻んでいます。

この法律には、火事を出した隣人に「重過失」がない限り、不法行為に基づく損害賠償請求ができないと定められているのです。この法律では財産的な損害と生命・身体に関する損害とは区別されないので、延焼で家族が死んでしまっても賠償請求できないということになってしまいます。

世間一般の考え方に従うと、「火事を出す」なんていうのはとんでもなく軽率であると捉えられ、「重過失」は簡単に認められそうに思えます。ところが、ここでいう重過失は**「ほとんど故意に近い著しい注意欠如の状態」**とされ、不注意で出してしまった火事のほとんどはこれに当たりません。過去に重過失が認められたケースは、プロパンガスによる自殺企図や加熱した天ぷら鍋を放置して火災に至った事案など「よほどの事案」です。

この失火責任法の立法理由を大雑把に言うと、①失火で自分の財産を焼失させた失火者には汲むべき事情があることが多い、②人家の密集地では延焼による賠償義務が過酷になりがち、③失火者に賠償させないのが我が国古来の慣習である、というのですがいかがでしょうか。

時代は変わる、住宅も変わる

この法律ができた明治32年当時は、日本には木造家屋が多く、その立法理由もそれなりに合理性がありましたが、近年では消防能力の向上や耐火建築技術の発達から、失火者の責任を軽減する合理性に疑問があるとの指摘も出てきています。

また、建築業界ではよく知られた話ですが、世間一般のイメージに反して木造住宅は鉄骨造の住宅に比べてそれほど火災に弱いわけではありません。

鉄は高温に曝され一定の時間が経過すると急速に強度が低下する性質がありますが、木は火に曝されると表面に炭化層ができ内部への燃え広がりや熱の浸透を抑えます。その結果、熱の内部への伝導が遅く、火に焼かれても鉄のように急激に強度が低下するということがありません。この違いは、火災時、鉄骨造と木造の家屋で倒壊に至るまでの時間の差として現れます。

難燃性の建築材も多く開発・利用されるようになった現在、「木造住宅は火災に弱い」とはいえなくなっているのです。失火責任法の制定根拠は、現在も「それはそうだ」と受け止められる状況にあるといえるのでしょうか。

重過失の有無は事案ごとに個別に判断されるので、どういった場合に重過失があると判断されるのかを示すことは難しいのですが、学者の中にはこの法律の適用範囲自体を限定すべきだという意見も根強いところです。

いずれにせよ、我が国では「燃やされ損」にならないように、近隣からの延焼被害に備える意味でも、火災保険に加入して自衛しておく必要がありそうです。

なお、賃借人が借りた物件を失火で燃やしてしまったときに、賃貸人が賃貸借契約に基づいて損害賠償請求する際には失火責任法が適用されませんので、このときは軽過失でも賠償請求が可能です（あとの関連判例も参照）。

失火に関連するいろいろな判例

■「従業員の失火で会社も責任を負う」

（最二小判昭和42年6月30日・民集21巻6号1526頁）

民法の使用者責任（715条）は、その要件を満たす限り使用者が免責されることはほとんどない過酷な責任であることが知られていますが、**被用者に失火について重過失があった場合**には、被用者の監督に重過失がなかった使用者も一緒に賠償責任を負わされます。採用と指導は慎重に。

■「未成年者の失火では親の責任も制限される」

（最三小判平成7年1月24日・民集49巻1号25頁）

　上の使用者責任の判例と対照的ですが、**事理弁識能力のない未成年者**（おおむね12歳を下回る程度）の失火の場合は、親など、その未成年者を監督する義務者自身に未成年者の監督について重過失がない場合には、失火責任法で賠償義務が否定されるものとしました。未成年者に対する監督は抽象的・一般的なものになりがちですが、未成年者の失火行為自体の危険性と日頃の指導・注意の態様から監督義務者の重過失の有無が判断されることになります（差戻後の東京高判平成28年4月30日参照）。

■「公務員の失火にも重過失がなければ賠償請求できない」

（最二小判昭和53年7月17日・民集32巻5号1000頁）

　「公権力の行使に当たる公務員の失火による国又は公共団体の賠償責任についても失火責任法が適用される」としました。消防署職員の過失によって火事の残り火が再燃したという誠に残念な事案でしたが、この場合も失火責任法が適用され、消防署職員に重大な過失がないのであれば国・地方公共団体も賠償責任は負わないとされました。国・自治体について失火責任法の趣旨が当てはまるのかどうかは議論を呼びそうです。

■「債務不履行の賠償責任には失火責任法の適用はない」

（最二小判昭和30年3月25日・民集9巻3号385頁）

　本文中でも見たように、失火責任法は不法行為責任（民法709条）を制限するものでしかないので、失火が債務不履行となる場合はこれに基づく賠償義務は免れません。

失火責任法も昨今のネット上の炎上には全く機能しないので、軽過失でも賠償問題がそこかしこで生じている。

労働事件で
会社がほぼほぼ負けるワケ

【労働基準法】

（労働条件の原則）

第1条1項　労働条件は、労働者が人たるに値する生活を営むための必要を充たすべきものでなければならない。

2項　この法律で定める労働条件の基準は最低のものであるから、労働関係の当事者は、この基準を理由として労働条件を低下させてはならないことはもとより、その向上を図るように努めなければならない。

なぜ労働事件は
「訴えられたら会社が負ける」といわれるのか

社長さん（使用者側）からの労使紛争の相談では「アナタ、訴えられたら100%負けますよ」と答えざるを得ないケースが少なくありません。

労働者の権利保護をどう図るかは国や法律により様々ですが、**日本は比較法的に見ても被用者保護の色合いが強い**法制をとっています。

一方、経営体力が乏しい中小企業者からすると、労働法令の定める労働時間の制限や時間外手当支給義務をきちんと守って経営を行うことは現実的に難しいという状況もあります。

要するに、**法の定めるルールと企業経営のプラクティスの間には、元から大きな溝がある**のです。この景色の違いは、例えば、正規転換が推奨される非正規雇用も、事業経営の視点からは「労務費の変動費化」という肯定的な文脈で捉えられることなどに現れています。

とはいえ、職場内での「和」という同調圧力もあり、働きつつ自分の会社に訴状を送りつけるという豪胆な人はなかなかいません。結果、使用者は「なにも高いコストを払って労働環境のリスクを除去しなくても、実際に訴えられてから個別に解決すればその方が安いし経済的だ」という思考になり、違法状態改善のインセンティブが働きにくくなるのです。これが「実際に訴えられたら負ける」状況を生み出しているのです。

このため、労働事件が問題となるのは被用者が使用者との関係継続を考えなくてよい局面、例えば解雇や退職の場面が多くなります。使用者は、解決に際し、他の従業員（元従業員）に同様の権利行使の動きが波及しないよう秘匿条項を定めるなどにも意を尽くさねばならないことになります。

普通解雇・懲戒解雇では使用者の主観的なOKラインと法の規制の溝が大きく、不用意な解雇で使用者が大ダメージを被ることがある。

06

結局、
第三者委員会って
信頼できるの？

ほっとニュース
かんさい

園児ら
芋掘り体験

第三者委員会に
対する園児の声は——

芋づる式に次々と（問題が）出てくるので
正直とまどっている。

【企業等不祥事における第三者委員会ガイドライン】

第1部　基本原則
第1．第三者委員会の活動
（中略）
2．説明責任　第三者委員会は、不祥事を起こした企業等が、企業の社会的責任（CSR）
の観点から、ステークホルダーに対する説明責任を果たす目的で設置する委員会である。
（中略）
第2．第三者委員会の独立性、中立性
第三者委員会は、依頼の形式にかかわらず、企業等から独立した立場で、企業等のステー
クホルダーのために、中立・公正で客観的な調査を行う。

ずいぶん見えやすくなった企業等不祥事

インターネットやSNSをはじめとする情報化の進展によって、我々はテレビ・新聞・ラジオがメディアの中心であった昭和の時代からは考えられないほどの速度と情報量でニュースに接することができるようになりました。この結果、企業や自治体の不祥事は、公式アナウンスよりも早く一般大衆に知れ渡るのが当たり前になり、隠蔽や当事者の声の圧殺など初期対応を誤ってしまった場合には大炎上を引き起こしてしまうという厳しい状況に置かれることになりました。

そうした中、ニュース等で「第三者委員会」という言葉を聞くことが珍しくなくなりました。その名前にあるように、**企業や自治体が抱えることとなった不祥事の問題について第三者的立場から調査を行う組織**なのだろうということはわかりますが、その実態についてはあまり知られておらず、それが時に不信感を持たれる原因にもなっているように思えます。

日弁連がガイドラインを定めている

社会的に広く活用されるようになった第三者委員会について、やはり何かしらのルールが必要であろうということで、日本弁護士連合会（日弁連）は自主的なガイドライン（「企業等不祥事における第三者委員会ガイドライン」。以下、「GL」といいます）を定め、それに従って第三者委員会の構成・運営がなされることが望ましいとする提言を行っています。GLの概要は以下のとおりです。

❶説明責任を果たさせる存在であることの明示

まず第三者委員会について、不祥事を起こした企業・自治体等の組織が**ステークホルダーに対する説明責任**を果たす目的で設置するものであると位置づけています。ただしここで想定されている「説明責任」は、当該の企業や自治体と直接の取引関係・利害関係にある者（株主や投資家、取引先、従業員、債権者など）に限らず、もう少し広く消費者、地域住民など、またこれらの声を

代弁するメディア、企業等を監督・監視する行政官庁・自主規制機関などに対するものも含む（ある意味モワッとした）概念として用いられています。

　例えば、有名な東証プライム上場の食品製造会社が産地偽装や期限切れ材料の使用をしていたという不祥事があった場合、テレビでコマーシャルを見ただけの一般消費者であってもGLのいう「説明責任」が果たされるべき対象に含まれうるということになります。ここでは法的責任の有無という基準で説明責任の対象を限定するという考え方はとられていないのです。

　なお、第三者委員会を立ち上げる（調査を委嘱する）のは、通常、不祥事の当事者である企業や自治体です。そして、第三者委員会が設置・活用される事例において、大きく社会を騒がせることとなった**不祥事に対する批判の沈静化、有り体に言えば炎上の鎮火を意図しているケース**が多いことも否定できません。不祥事以後も組織の活動を継続するためにはできる限り早期に事態を収束させる必要がありますから、こうした意図自体は責められるものではありません。もっとも、のちに見るように、正常に機能している第三者委員会においては、調査や評価は是々非々で粛々と進められることになり、その**調査結果や提言が委嘱した組織に好意的・擁護的なものになる保証は全くない**のです。

　この意味で、組織を守るためのプラクティスである企業不祥事対応と第三者委員会の活動は、いずれも組織の不祥事を契機として行われる活動でありながら、その方向性が大きく異なるのです。そこでは、「当事者代理人」と「中立な立場の裁判官」に似た違いがあります。

❷企業・自治体等から独立した中立的な組織である

　第三者委員会は、その名が示すとおり不祥事の当事者である企業・自治体等から独立した第三者的立場で、利害関係やしがらみにとらわれず中立公正な判断を示すというところにこそ存在意義があります。まさにそうした「**紐付き、首輪付きでない立場**」からの調査結果が公表されることによって、初めて説明責任が果たされたと評価することができるのです。

　ところが、社会的批判を逸らすことを目的として利用されるケースでは、「第

三者委員会」「外部委員会」といいつつも、実際には不祥事を起こした組織と深い関係にある弁護士で委員が占められているということがあります。前から**継続的にその組織から依頼を受けていたり、関連会社の顧問であったり**というようにです。そうした「本来的な意味での第三者委員会とは似て非なる委員会」が組織され、あたかも公正な調査が行われたように見せかけて事態の幕引きを図る問題は、公表された調査結果や調査手法自体の歪さから露呈・認知されるケースが少なくないように感じます。

例えば、ある組織内でのいじめによる自死が疑われる事案において、当然聴取すべき事件当事者の一部について聴取が行われないまま「いじめはなかった」との調査結果が公表され、よくよく調べてみると調査に当たった委員の全員が関連企業の役員を務める弁護士と同じ事務所に所属していたといったケースがあります。多くの人が調査手法や調査結果に対する違和感を覚える時点で、第三者委員会としての試みは失敗だといえます。

こうした事案では、日弁連のガイドラインに準拠していないというだけでなく、そもそも公正な調査結果を提供する素地自体がありません。街道沿いに「宇宙一ラーメン」という幟を自分で立てているラーメン屋と大差がないのです。いくら「弁護士が責任を持って中立・公正な立場から調査を行いましたよ」と繰り返してみても、対象の組織と一定のつながりがある以上、「本当に公正な調査が尽くされたといえるのか」という疑念は払拭できません（「今や弁護士自体、社会的にそこまで信頼されていないよ」という批判は、とりあえずここではスルーしておきます）。

そのためにGLでも**企業等と利害関係を有する者は委員に就任できない**という形式的な基準を設けているのです。この「利害関係」の有無は個別的・実質的な判断が必要になる場合がありますが、関連会社の役員を務める弁護士と同じ事務所の人員だけで委員会を構成するというのでは、仮に調査手法や調査結果自体に問題がなかったとしても、公正性に疑義を抱かせることになってしまいます。

第三者委員会の持つ課題

このように企業等の自浄作用発揮のツールとして用いられる第三者委員会ですが、その性格上、実はいくつかの難しい問題を抱えています。

❶委嘱者との対立関係の存在

企業・自治体など、不祥事があった組織から委嘱されて調査に当たるのが第三者委員会の役割ですが、先に見たように、調査結果が組織にとって好意的・擁護的なものになる保証はありません（むしろ、不祥事の原因調査と再発防止策の提言という役割を課せられている以上、委嘱した組織にとって耳の痛い内容になることがほとんどです）。

このように、**本来的に委嘱者と第三者委員会とは対立する関係に立ちます**。GL上も、委員会が「企業等の現在の経営陣に不利となる場合であっても、調査報告書に記載する」旨が明記され、起案権や収集資料等の処分権の委員会への専属、調査結果の事前非開示など、委員会の独立・中立を支えるルールが定められています。不祥事について説明責任を果たし、社会の信頼を取り戻すためには、**「お金を払って頼んだ委員会がなぜか自分を攻撃してくる」という不条理**に組織一丸となって耐えなければなりません。

❷いわゆる「不正調査」との違い

第三者委員会の活動は広義の「不正調査」に含まれる活動です。もっとも、その活動は不祥事の原因調査と再発防止策の提言にフォーカスされており、**不正の実行者に懲戒処分を加え、あるいは民事上・刑事上のペナルティを科すことを目的として行われるものではありません**。GL上でも法的責任追及を問題とする委員会とは異なる旨が明記されています。

ところがこの点の意識が（特に委嘱者側に）希薄なことがあり、第三者委員会の調査結果を根拠に懲戒処分を行おうとする動きが見られるケースもあります。第三者委員会は証拠に基づいた事実認定を行うものとされていますが、GLでは「不祥事の実態を明らかにするために、法律上の証明による厳格な

事実認定に止まらず、**疑いの程度を明示した灰色認定や疫学的認定**を行うことができる」とも明示しており、その調査結果は裁判での事実認定やそれをもとにした法的責任の有無の判断とは一定の距離があります。

　懲戒処分や責任追及のための調査は、別途、組織のルールで定められた手続・方法で行う必要があります。

❸高コスト

　もう一つ、第三者委員会について指摘される問題として、**委嘱者側に非常に大きなコストがかかる**という点があります。日弁連のGLでは第三者委員会の委員の報酬は時間制（タイムチャージ）を原則とするとしています（第2部第6.2.）。

　これは不祥事の調査に必要な労力を委員が投入することを可能にし、事実調査に十全を期するためですが、多数の関係者の聴取が必要となることも多いため、調査費用（委員への報酬）は高額化しがちです。このため、委嘱に当たってはおおむねの調査時間・報酬単価・報酬額の上限の目安を設定した上で、これを超える場合に別途協議を行うといったルールが設けられることが多いといえます。

委員就任の打診は、どこか上の方からお声がかかることが多いが、自ら不祥事の多い弁護士は選任されない。

ギグワーカーは
「労働者」だけど
「労働者」じゃない？

今届けた
お客さんが
「ハーフ＆ハーフの

右と左が
逆になってる！」
ってえらい剣幕で……。

これ逆とか
あるんすか。

【労働組合法】

（労働者）
第3条　この法律で「労働者」とは、職業の種類を問わず、賃金、給料その他これに準ずる収入によつて生活する者をいう。

【労働基準法】

（定義）
第9条　この法律で「労働者」とは、職業の種類を問わず、事業又は事務所（以下「事業」という。）に使用される者で、賃金を支払われる者をいう。

議論はこれから度
☆☆☆

働き方の多様度
☆☆☆

フードデリバリー業界の仁義なき戦い

　好きな時間に好きなだけ従事できるフードデリバリーサービスの配達員は、新型コロナウイルス禍の巣ごもり需要も追い風となって一気に広まり、今や各サービスでの登録配達員の総数は10万人を超えるともいわれています。そうした「企業に縛られない新しい働き方」を選んだ人についてギグワーカーという前向きな呼び方をする動きも芽生えてきました。ギグ（gig）はここでは「単発の、軽快な」程度の意味でしょう。ところがそのような社会の動きの中で、配達員の労働環境における保護の低さや事業リスクへの手当の不十分さ、対価の不明確さを指摘する声もあります。

　そのような中、令和4年11月に東京都労働委員会（都労委）がフードデリバリーサービス「ウーバーイーツ」の配達員について、労働組合法上の「労働者」に当たるとし、ウーバーイーツ（ウーバー）に対して配達員との団体交渉に応じるよう命じる判断を示したことが注目されました。

配達員ははたして「労働者」か？

　2022年の都労委のニュースが報じられたとき、「好きでフリーランスの仕事を選んでいるのに、企業に対して権利ばかりを主張するのはいかがなものか」「雇用されているわけではないのだからイヤなら契約しなければよいではないか」という否定的な声があったのも事実です。

　もっとも、都労委は、配達員が**労働組合法**上の「労働者」に当たると判断し、ウーバー側に団体交渉に応じるよう命じたに過ぎません。配達員を**労働基準法**上の「労働者」に当たるとしたわけではなく、それに基づく配達員の権利行使を認めたわけではありません。また、配達員の側もウーバーに対して雇用契約や、それに基づく残業代・ボーナスの支払い、有給休暇を求めたものでもありません。事故時の補償の強化や事業上のリスク回避の対策、配達員が受け取る料金体系の明示といった、配達員の立場からの交渉を求めて都労委に不当労働行為の救済を申し立て、都労委がそれを認めたということ

です。批判の多くにはこの点の誤解が見られます。

実にややこしい話ですが、**労働組合法と労働基準法では「労働者」の意味が明らかに異なり**、これは条文にも表れています。労働組合法では雇用契約の有無や事業主との間の使用従属関係があることは必要なく、（被用者、従業員に近い概念である）労働基準法上の「労働者」よりも範囲が広いのです。事案を正しく知る法律家の多くは、このときの都労委の判断を支持しているようです。

配達員の主張は「真っ当」か？

「個人事業としての自由な働き方を選んだのだから、その分、リスクも自分で負うのは仕方ないのではないか」というのはそれ自体真っ当な意見のように聞こえますが、危険な「自己責任」論と大差ありません。

事業者の側が契約上の優越的な地位を楯に配達員の犠牲の下に利益を搾取していたり、事業者側と配達員の情報格差をいいことに不明朗な対価の支払い方法を強いていたりしたとすれば、独立した個人事業主である配達員にも事業者と対等な関係で条件交渉を行う場や手段が認められなければなりません。都労委への不当労働行為の救済申立を行った配達員の姿勢は、それ自体「企業に縛られない新しい働き方」の正しい延長線上にあるように見えます。

フリーランスが守られることで
さらに守られるものは何か？

企業や自治体といった組織に属し、定められた時間と場所で行う仕事に就いていると、それと異なる働き方をしている人の振る舞いが自分の価値観と全く相容れないもののように感じてしまうかもしれません。そうしたとき、人は、自分が生活の中でフードデリバリーサービスやそれに類するギグワーカーの恩恵を受けていることは忘れ、**自分の価値観を脅かされるわけではないのに、**つ

い異なる働き方を選んだ人に冷淡な態度を示しがちです。ウーバーのニュースに対して上がったネガティブな声にもそうした背景があったのかもしれません。

　社会的なインフラに成長したシステムをフリーランスが支えているとき、その安定した労働環境を保護することそれ自体によって守られるものがあります。

　配達員の労働環境が過酷であり、配達中の事故が手当てされず、報酬の予測可能性も立たないような不安定な状況に置かれていたとしたら……。ウーバー、飲食店との関係で配達員が劣位に置かれハラスメントが横行する状況になっていたとしたら……。そうした制度の歪みが積み重なると、大きな事故や過度の利益重視の不正を引き起こし、結果として消費者・利用者の側の不利益として跳ね返ってくることが懸念されます。社会のシステムが歪な力の格差や負担の集中なしに全体的にうまく回ることは、その社会に身を置く全ての人の利益となります。

　都労委の判断についてウーバーが再審査を申し立てたというところ以後、具体的な動きは聞こえてきませんが、働き方の多様性やフリーランスの重要性がより一層注目されるようになる中、こうした問題も今後社会で重要性を増していくのではないかと思われます。

　そして、令和6年11月1日より、特定受託事業者に係る取引の適正化等に関する法律（通称「フリーランス法」）が施行され、企業から独立して働くフリーランス事業者について、その取引の適正化と就業環境の整備がより一層図られることとなりました。

法律の世界でも、労働環境の悪化が不正の増加を引き起こしたと指摘される有名な業界があるとかないとか。

超人気ゲーム会社同士が
合併！
ワクワクしない人は誰？

【私的独占の禁止及び公正取引の確保に関する法律】
（独占禁止法）

第10条1項　会社は、他の会社の株式を取得し、又は所有することにより、一定の取引分野における競争を実質的に制限することとなる場合には、当該株式を取得し、又は所有してはならず、及び不公正な取引方法により他の会社の株式を取得し、又は所有してはならない。

業界を駆け巡る企業結合のニュース

　競合関係にある有名企業同士の合併や経営統合のニュースが報じられると、業界でも市場でも、大変に話題になります。古くは、スクウェアとエニックス、バンダイとナムコ、コーエーとテクモなどでしょうか。それまで業界でしのぎを削ってきた事業者同士が手を取り合ってさらなる飛躍を遂げるというのは、それら事業者を愛してきたファンやユーザーにとっては心躍り沸き立つ出来事です。ところが、そうした本来めでたいはずのイベントに**国から思わぬ横やり**（?）が入るように見えるケースもあるようです。

好き合った二人の縁談にお上の横やりが

　ごく最近では、2022年1月に発表されたマイクロソフト・コーポレーション（MS社）とアクティビジョン・ブリザード・インク（AB社）間での株式取得及び合併のケースが思い出されます。いずれも世界的に有名なゲームメーカー（ないし、ゲームメーカーとしての顔を持つ会社）であるため、日本を含む複数の国で大きく話題になりました。買収総額687億ドル（約10兆円）に上るこの買収劇について、当事者会社やその株主ではなく、**各国の規制当局においてこれを認めるべきか否かが問題となりました**。当初、アメリカの連邦取引委員会（FTC）、EUの欧州委員会、イギリスの競争・市場庁（CMA）など、各国の規制当局ではこれを阻止しようとする動きが見られました。一方、我が国では、独占禁止法上のルールに基づき、公正取引委員会への届出がなされ、その審査が行われることとなりました。

　同じく企業買収の事案として大きく報道された「関西スーパーとエイチ・ツー・オーリテイリングの経営統合問題」は、傍目には複数の買収希望事業者による「関西スーパーの取り合い」、いわば三角関係の清算であり、その構造は一般消費者にも理解が容易でした。ところが、MS社のAB社買収のケースでは、企業結合の当事者である二つの事業者同士が合意して企業結合を決めたところに、当局から横やりが入る形となりました。これは見方によっ

ては「結納を済ませた二人に、それまでさほど縁のなかった村長が結婚はならぬぞと口を出してきた」状況に似ています。

独占禁止法の守ろうとするもの

　我が国の独占禁止法は、複数の事業者が任意に合意した合併・株式取得等であっても、それが特定の取引分野における競争を実質的に制限することとなる場合には、これを規制することができるという規定を置いています。そして、一定の合併・株式取得等をしようとする会社（当事会社）は、国内外を問わず、公正取引委員会（公取委）へあらかじめ届け出て「競争制限的か否か」について審査を求めなければならないとされているのです。公取委の審査の結果、その合併・株式取得等が「一定の取引分野における競争を実質的に制限することになる」と判断された場合、公取委は当事会社に対して排除措置命令（同法17条の2）を行うことができます。

　こうした独禁法の定めは、**市場の競争状態が失われ、消費者に不利な製品や商品・サービスばかりが供給されるという好ましからざる状態を回避し、間接的に消費者の利益を保護しようとするもの**です。独禁法は、戦後に行われた財閥解体の効果を維持し、一部の事業者に市場における支配力が過度に集中することを防ぐ目的で制定されたという経緯があります。そして、今回の買収における各国規制当局の初動対応に見られたように、市場競争状態を維持して消費者利益を保護しようとする姿勢は、各国の競争法（competition law）や競争政策にある程度共通する考え方なのです。

MS社とAB社の恋の行方は？

　言うまでもなく、MS社はWindowsを生んだ超大規模テック企業であり、コンシューマゲーム事業においてもゲームハードXboxのほか、Minecraft、Forzaシリーズ、Haloシリーズなど人気の高いIPを数多く擁しています。一方、買収対象となったAB社はシリーズ累計販売数5億本を超えるAAAタイ

トル、コール・オブ・デューティー（CoD）シリーズのパブリッシャーです。これまで AB 社は Xbox のほか SONY や Nintendo のハードにも CoD シリーズをリリースするマルチプラットフォーム展開をとってきましたが、今回の買収で AB 社が MS 社の傘下に入ることにより、「今後 Xbox 以外のハードでは CoD がプレイできなくなるのでは」とゲームファンが心配に思うのは無理からぬところです。

　もとより、AB 社の買収自体、Xbox と PlayStation のシェア争いを有利に進めるという意図があったことは明らかです。MS 社は AB 社に先立ち、大騒ぎの末、The Elder Scrolls シリーズや Fallout シリーズのパブリッシャーであるベセスダ・ソフトワークスも傘下に入れており、その貪欲な拡大姿勢は、競争によってよりよいものを生み出そうとする姿勢から、独占的な支配力によって競合相手や消費者を屈服させようとする姿勢へのシフトを生じさせる恐れがあります。このような、過度の市場支配力の集中は巡り巡ってユーザー（ゲームファン）の利益を損なう結果を生むことになるかもしれません。

　ただし、いずれの国も競争制限的企業結合規制を厳格に適用する政策をとっているとは言いがたい状況であり、結局、各国の規制当局は買収承認の方向に流れを変え、我が国の公正取引委員会も「競争を実質的に制限する買収ではない」として、排除措置命令を行わないものとしました。直近でリリースされた作品を見る限り、MS 社は CoD シリーズについて、少なくとも当面は従来どおりのマルチプラットフォーム展開を維持するように見えますが、それが今後いつまで続くかは不透明です。特定ハードでの独占供給は、囲い込みのあとのサブスクリプションサービスの導入やソフトの高額化など消費者の利益に少なからず影響を与えそうです。

資金的優位を背景に有力選手を片っ端から獲得するかつての某球団のような姿勢は業界自体を冷え込ませるのではないかという懸念がある。

09

転売ヤーは
なんで野放しなの？

●REC

転売用に200台
仕入れたんですが
メーカーが
値下げして
6万台再販
するんですって。

00:01:07:21

【特定興行入場券の不正転売の禁止等による興行入場券の
適正な流通の確保に関する法律】（チケット不正転売禁止法）

（目的）
第1条　この法律は、特定興行入場券の不正転売を禁止するとともに、その防止等に関する措置等を定めることにより、興行入場券の適正な流通を確保し、もって興行の振興を通じた文化及びスポーツの振興並びに国民の消費生活の安定に寄与するとともに、心豊かな国民生活の実現に資することを目的とする。

目にあまる転売行為の横行

注目の新製品が発表されたけれども、ネットの販売予約サイトでは秒で売り切れ、発売日前から定価の2〜3倍もの高額の転売商品がECサイト、フリマサイトに溢れ返る、そうしたおぞましい光景は今では全く珍しくなくなりました。

映画やコンサートのチケット以外の転売は多くの場合、法律で特に規制されていません。古物営業法やチケット不正転売禁止法などは、ごく限られた商品や取引態様を規制の対象にしており、スニーカーや人気のフィギュア、限定版の本などの多くの商品転売は規制の外です。

その結果、転売ヤーと呼ばれる一部の者が人気商品をウェブスクリプトを使って即時かつ大量に買い占めることで一般消費者の購入機会を奪い、市場の公平性を損ね、価格を不当に高騰させる問題を引き起こしています。

チケット以外の転売行為は野放し？

購入した物品を仕入れ値よりも高い額で他に売却して利益を得る行為は商取引の基本であり、ほとんど全ての販売業に存在する要素です。これを規制するとなると、卸売りも仕入れ販売も否定することになってしまうため、**転売行為それ自体を広範に処罰の対象とすることができない**という問題があります。また、法律という形で転売の主体や方法、価格などで切り分けて規制すべきラインを適切に設定することが難しいという事情もあります。

このため、従来は、チケットや乗車券など販売数が限られているものを不特定の人に転売するために、**誰かに呼びかけたり、つきまとったりするダフ屋行為**に限って、自治体の定める迷惑防止条例で禁じられる程度でした（街の金券ショップも買い取ったチケットを不特定の客に転売していますが、その態様上、こうしたダフ屋行為には当たらないので処罰されません）。

ところが、映画や演劇、音楽などの芸術、スポーツの興行においては、興行の期間やチケット購入の機会が限られているという特殊性もあり、チケット転売行為が放置されることによって、アーティストや主催者が設定した価格の数

倍〜数十倍の値段でなければ本当にほしいファンがチケットを手にできないという状況に陥っていました。これは、商業的な問題だけでなく、文化の衰退につながりうるという点で、ファンとアーティストの双方にとって深刻な状況でした。また、興行のチケットは購入時の情報と入場時の本人確認情報とを対照することで不正転売の把握が比較的容易であるという特殊性もあります。そのため、平成30年に通称「チケット不正転売禁止法」が制定され、令和元年6月より施行されたのです。同法では興行主の事前の同意を得ずにその販売価格を超える価格で映画・演劇・芸能・スポーツ等のチケットの有償譲渡を業として行う行為を「不正転売」として規制しています。

　もっとも、興行のチケットのケースを除いて、不正転売行為に関する抜本的な法規制はいまだなされていません。

　そうした中、最近になって「本当にほしい人に商品・サービスが渡らない」問題の深刻さに気づいた事業者の自主的な対策が講じられる例も見られるようになりました。例えば、買い占めが困難なほどの供給量を用意する、購入希望者に製品知識を問う質問を投げかけて正しく答えられた者、あるいは一定の期間・頻度で取引の実績のある顧客にだけ販売するというように、創意工夫・企業努力で転売ヤー対策に取り組み、健全な需要を守ろうとしているメーカー・小売店も出てきています。

転売ヤー対策を考えてみよう

　転売自体が違法でないのに、横行する転売行為が社会で歓迎されていないように見えるのは、昔から市場に見られた卸や取次と異なり物流の促進や販売コストの価格への転嫁の防止といったメリットが一切ないだけでなく、むしろ人気商品を買い占めて不当な高値で販売することによって商取引を阻害する方向に働いているためです。

　本来、商品・サービスを提供する側にとっても、転売ヤーの跳梁によって有効需要の原理が機能せず、自社商品の適正な市場形成も難しくなるという意味で好ましからざる状況のはずです。ところが、中には転売ヤーの買い占め

を安定需要であるかのように捉えて全く何らの手立ても講じようとしない事業者もいるくらいです。

　では、その打開策はあるのでしょうか。先に見たように、転売行為自体はもともと違法ではなく、不当とそうでないものとの切り分けも難しいので、効果的な法の網を編むのはなかなか難しそうです。やはり、メーカーや小売事業者自体が販売上のフィルターを設けること、消費者が転売品の購入を避けることが遠回りに見えて実は最も近道なのかもしれません。

　なお、転売ヤーは転売活動に熱心になる余り、**つい所得の申告がおろそかになってしまう**傾向があり、これには国税当局の皆さんも心を痛めているはずです。例えば「人気商品を発売日前からECサイトで転売商品として紹介している」「発売直後から正規の値段の数倍の価格で販売している」「そうした転売行為を繰り返している」という出品者や売主については、転売行為の忙しさに追われてうっかり期限内の確定申告や所得の計上を忘れているおそれがあり、不注意とはいえ本人にとっても心苦しい状況のはずです。

　国税庁はそうした申告忘れを手当する趣旨で、課税及び徴収漏れに関する個別・具体的な情報を随時受け付けているので、以上のような挙動を見せる転売ヤーについて「おかしいな」と思ったら国税庁ウェブサイトの情報提供フォームからどしどし応募しておきましょう（通報した結果、実際には適切に申告がなされていたというのであればそれはそれで結構なことです）。

転売ヤーが飛びついた買い漁り品が大きく値崩れするのを見るたび、背筋を伸ばして生きようと思う。

正社員だけ社食ランチを安く食べられるのは違法?

はい、私は旧来の枠組みにとらわれず、正規・非正規で社員食堂の利用に差別を設けない御社の進歩的な姿勢に共感いたしました。

私もそうです。

あ、じゃあ僕もそれで。

なるほど。

…他にはないのですか?

【短時間労働者及び有期雇用労働者の雇用管理の改善等に関する法律】8条(不合理な待遇の禁止)(以下略)
【労働者派遣事業の適正な運営の確保及び派遣労働者の保護等に関する法律】30条の3(不合理な待遇の禁止等)(以下略)

【有期労働者と無期労働者の労働条件の相違が労働契約法20条に違反するかが争われた事例［ハマキョウレックス事件］】(最二小判平成30年6月1日・民集72巻2号88頁)

「同一労働同一賃金」は社食の壁を取り除くか？

　正規労働者と非正規労働者の不合理な待遇格差を是正するため、近年、政府は「同一労働同一賃金」を謳い、法改正とともに盛んに周知を図っていますが、少し誤解を招く名称だと以前から気になっていました。

　「同一労働同一賃金」は、**均衡待遇**と**均等待遇**という二つの要素からなります。ここでいう「待遇」は、賃金のほか教育訓練や福利厚生施設の利用、休憩、休日・休暇、安全衛生、災害補償、解雇など、労働者に対する**労働契約上の待遇の全て**をいいます。そして、「均衡待遇」とは**就業実態の差異に応じた待遇とすること**で、非正規労働者と正規労働者の間の**不合理な待遇差**を設けることを禁止するものです。つまり現在の法律も、正規・非正規の別に応じて、労働者の待遇に差を設けること自体は否定しておらず、それが不合理な場合にこれを禁じているのです。

　一方、「均等待遇」は、**就業の実態が同じであれば同じ待遇とすること**であり、正規労働者と同視すべき立場・就労状況にある非正規労働者について、非正規であることを理由とする差別的取扱を禁止するものです。

　例えば、派遣社員が社員食堂（社食）を利用するにあたり、正社員とは異なる取扱いがとられている場合はどうでしょうか。厚生労働省は、非正規労働者にも福利厚生施設である社食を利用する機会を与えなければならないとする一方、**正規労働者との利用料金の差を設けることが直ちに不合理な待遇差となるものではない**としています。ですから、派遣社員に社食を利用させない措置は許されない差別的取扱いに当たりますが、利用を認めた上で、福利厚生費の負担の有無など合理的理由に基づいて正社員との価格差を設けることは同一労働・同一賃金規制に反しないということになりそうです。

航空券のクラスによって「ご搭乗」及び非常時の「脱出」の優先度が異なるのは不合理な差別だと感じることが年に数回ある。

法律家が美容整形を
絶対おススメできない理由

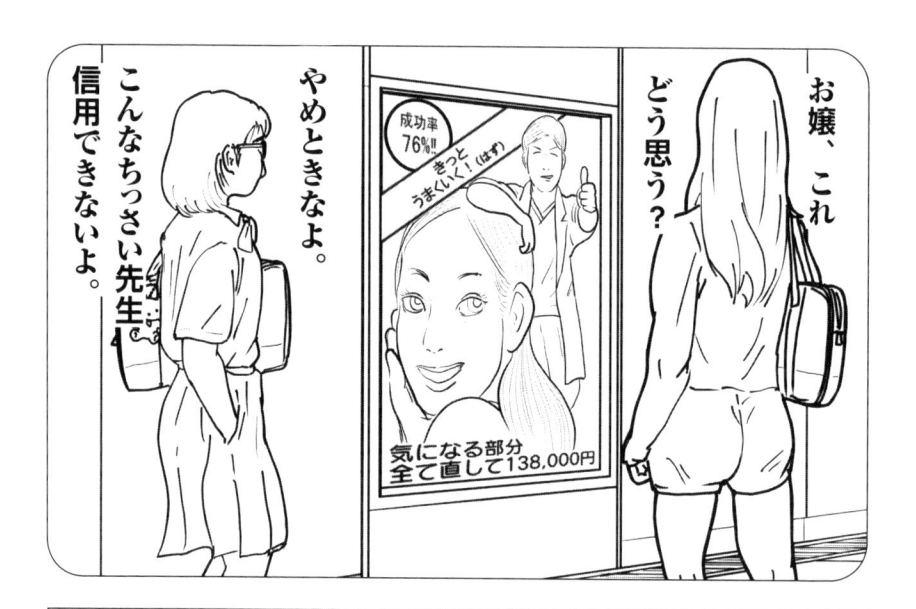

【美容医療における医師の注意義務について明らかにした事例】

「美容整形施術は、疾病や負傷を治療する一般の医療行為と異なり、施術の医学的必要性・緊急性が低いのが通常であり、（中略）医師としては、そのような患者の主観的な願望に沿った結果が得られるよう、細心の注意を払って適切に施術を行うべき注意義務を負っているというべきである」と示された。
（大阪地判平成19年12月12日［主要雑誌未掲載］）

急増中！ 美容医療トラブルの法律相談

　「高いお金を払って鼻を高くする手術を受けたけれど、期待していたような高さや形にならなかった」「目をぱっちりさせる手術を受けたのに、左右で形がいびつになってしまった」

　美容整形を巡るそうした話は、法律相談の内容としては昨今珍しいことではありません。多くの人が「お医者さんから最初に受けた説明とずいぶん違う」と異口同音に訴えるのですが、ではそうした説明内容が立証できるとして、具体的に医師や医院に何らかの賠償請求を行うことはできるのでしょうか。

美容医療と通常の医療の違い

　診療や手術を受ける合意も医療契約という名の一種の契約ですから、医療者の側にその違反があった場合には債務不履行として損害賠償を請求することが考えられます。

　実際に、医療過誤事件の多くでは、過誤があったと訴える患者側によって、医師の診療上の義務違反が主張されます。

　とはいえ、「がんの治療をしてもらったけれども結局手遅れで治すことができなかった」という事例で片っ端から債務不履行だと訴えていると、そのうち治療をしてくれるお医者さんはいなくなります。もちろん医師の見落としによる場合もあるでしょうが、そもそも受診の時期が遅かったために、分かった時点ではどうしようもなかったというケースもあるはずです。医療行為や医学的知見にはその時代ごとの限界というものが必ずあり、治せない病気や手の施しようのないケガというものも当然想定されています。

　そのため、医療契約で医師が負う債務は、あくまでも**善良な管理者の注意をもって医療水準に従い適切な医療行為を実施すること自体を内容とするもの（手段債務）**であるとされ、一定の結果を達成すべき債務（結果債務）ではないと理解されています。もちろん、がんを簡単に見落としたり、間違えて隣の臓器を摘出したりしても「一所懸命頑張ったのだから」と免責されるわけで

はありません。そこで「医療水準に従っていたか」という一つのラインが引かれることになるのです。

　ただし、ここでいう医療水準は**個々の医療現場・医療行為ごとに期待される「規範的な水準」**をいい、必ずしも平均的な医師が現に行っている医療現場での慣行と一致するわけではありません（「規範的な」というのは、わかりやすく言うと「あるべき」程度の意味で、社会一般にはあまり意味が通じないのに法律家や法学者が好んで使う言葉の一つです）。この「医療水準」は、例えば町のクリニックと三次救急病院のような高度な医療を期待される医療機関とでも異なりますし、時代によっても異なりうるものです。

美容医療にまつわるちょっと怖いはなし

　美容医療の結果に関する相談は、近年、増加傾向にあります。美容医療がある意味でカジュアル化しアクセスしやすくなったことも関係しているようですが、それ以前に、美容医療自体の持つ特殊性が影響しているように思えてなりません。

　美容医療は、ケガや病気の治療のために行われる少し特殊なケースを除き、日常生活に支障がないのに受ける診療であることから、原則として公的医療保険が適用されません。**診療内容や診療費の設定に制限のない自由診療**となります。自由診療では公的保険の場合と異なり厚生労働省（各局や中央社会保険医療協議会、都道府県）の監督による医療サービスの質・価格の管理が実施されないという特徴があります。

　また、我が国では「医薬品、医療機器等の品質、有効性及び安全性の確保等に関する法律」によって、**国内で未承認の医薬品・医療機器は（海外で承認されているものであっても）国内での製造販売が認められていません**。ところが、そうした国内未承認の医薬品・医療機器であっても医療従事者個人が輸入して患者に処方・使用することが一定の要件のもとで認められています。そして、医療従事者による個人輸入の医薬品のうち約30％が「美容効果目的」として本邦に持ち込まれており、美容医療の現場でそのような未承認

医薬品が使用されるケースが多いことが指摘されています。

　そうした個人輸入の未承認医薬品は、国による品質・有効性・安全性の調査や把握が行われておらず、それらにより生じた健康被害については国の被害救済制度の対象にもなりません。

　過去には、国内未承認の医療機器を違法に改造し、使用回数制御機能を無効にしたシワ取り等の医療機器の使用によって健康被害（やけど）が生じたというケースがありました。このときは、厚生労働省の担当部局が各都道府県あてに注意喚起を行うなど、大きな問題となりました。

　これに加えて、自由診療であるために、美容外科の領域では**価格や内容の点で医療機関相互の競争が過熱しやすい傾向**が見られます。「十分な説明もないまま契約をせかされた」「高額な施術を強要された」といった契約トラブルの範疇の問題は、実はまだマシな方なのです。それにとどまらず、拙速な施術や不適切な医薬品・医療機器の使用による健康被害が生じてしまったとき、患者の受ける被害は看過できないほど大きいものになります。

その施術、本当に必要ですか？

　美容医療の施術を受ける側は、高額の施術費を支払っていることもあって、相手の専門性に簡単に全幅の信頼を置いてしまいやすく、**ほぼ確実に良い結果が生じるはずだと決めてかかる傾向**もあると感じます。

　目をぱっちりさせる手術を受ける前に、自分自身で刮目し、その医療者の技術や評価は確かなものか、説明された内容に不審・不安な点はないかという点をまず見極めてほしいところです。そうした情報もインターネット上を探せば出てくるはずです。

　SNS上のインフルエンサーなどに影響を受けて、安易に外国へ美容整形手術を受けに行き、安全性も賠償義務者もよくわからない施術を受けることの怖さを知ってもらえたらと願わずにはいられません。

我が国には「一般社団法人日本美容外科学会」という同じ名前の学会が二つある。

あなたの目にする景色が、
ほんの少しでも変わっていますように

　この本を手にとっていただいたあなたの中で、法律や法律家に対しての見方は変わりましたか。それとも以前と変わらないままでしょうか。

　私は、法律家になれば難解な法律の意味や背景、それをどのように使えば世の中の紛争をきれいに解決できるのかを理解し、身につけられるようになるのだと思っていました。

　ところが、弁護士になってすぐ、そのような考え方が大きな間違いであったことに気づかされます。

　法律家としての経験を積むほどに、法律と事実との間、そして法律と世の中の人々の思い描く理想との間の距離を感じるようになりました。「みんながハッピーになる解決」がいかに難しいかを身をもって知ることができたのが、この20年あまりの弁護士生活で私が得た最も大きな財産です（ただ残念なことにこの財産は換金できません）。

　弁護士や裁判官、検察官のような実務法曹を「法律のプロ」と呼ぶことがありますが、これはある意味では正しく、またある意味では正しくありません。

　法律家の大半は、訴訟や紛争予防・紛争解決のプロではあるかもしれませんが、立法作業に直接関わることはなく、国会で作られた法律を用いて世の中の紛争に適用するプロセスを担っているに過ぎません。ラーメンの愛好家や評論家を「ラーメンのプロ」と呼んでよいのなら、法律家も法律のプロかもしれません。

　ですが、法案作成や法解釈の業務を支える法務官僚、法制局のスタッフ

は、自分たちこそが「法律のプロ」だと自負していることでしょう。

　そのように、法律家の多くは「法律のヘビーユーザー」に過ぎないわけですが、その分、自分たちが手に取り、使おうとする法律のアラやほつれ、不足にはひときわ敏感です。特に、弁護士ほど、作られた法律に不満や批判の声を上げるものはいないのではないかと思えるくらいです。

　その一方で、法律が生まれた経緯や社会での受け止められ方に目を向けると、法律の背後にある立法者の意図や硬直的・杓子定規なルールとうまく付き合うための人々の創意工夫などが垣間見えることがあります。
　そんなとき、「みんながハッピーになる解決」に少しでも近づけようとする多くの人の愛すべき「人間臭さ」も感じるのです。弁護士は、法律の近くにいる分、それにまつわるよい部分も悪い部分もよく見えるということでしょうか。

　きっと10年後も、私は法律や裁判所の判断に泣いたり笑ったり、ときには怒ったりしながら、社会の片隅で弁護士を続けていることでしょう。
　この本を読んでいただいた方が「法律は決して万能ではないけれど、それでも社会の役に立っている」と感じる一瞬があったとすれば、著者としてこれほど嬉しいことはありません。

2024年12月　中村　真

　―私を最初に法律の世界に導いてくださった故・窪田充見先生の思い出に

【著者紹介】

中村 真（なかむら・まこと）

弁護士（方円法律事務所）　神戸大学大学院教授

神戸大学法学部法律学科卒業。平成15年、弁護士登録。神戸簡易裁判所民事調停官、兵庫県弁護士会副会長などを歴任。令和3年、神戸大学大学院法学研究科教授に就任（法曹実務）、同年、神戸大学大学院法学研究科博士後期課程修了（租税法専攻）。
著書に、『裁判官！当職そこが知りたかったのです。─民事訴訟がはかどる本─』（学陽書房）、『相続道の歩き方』（清文社）、『若手法律家のための民事尋問戦略』（学陽書房）、『まこつの古今判例集』（清文社）、『新版 若手法律家のための法律相談入門』（学陽書房）ほか多数。

世にもふしぎな法律図鑑

2025年1月17日　　1版1刷
2025年3月13日　　3刷

著　者	中村 真	
	©Makoto Nakamura, 2025	
発行者	中川ヒロミ	
発　行	株式会社日経BP	
	日本経済新聞出版	
発　売	株式会社日経BPマーケティング	
	〒105-8308　東京都港区虎ノ門4-3-12	
ブックデザイン	三森健太（JUNGLE）	
ＤＴＰ	マーリンクレイン	
印刷・製本	シナノ印刷	

ISBN978-4-296-11998-1　Printed in Japan